서울미래유산기록1

4대째 이어 가는 서울 떡집

낙원떡집

총괄
배현숙(서울역사박물관장)

기획
박현욱(학예연구부장)
김양균(조사연구과장)
최보영(학예연구사)

현장 조사 및 원고 작성
최보영(학예연구사)
최동진(연구원)

사진
김상현(사진작가)

실측
서울소셜스탠다드, 이진주

교정
내일날씨

행정
김은경, 김선희, 김성재

제보자
이광순, 김정귀, 김승모, 김희정, 이광자, 이광희, 유대하, 이숙자, 안수기(낙원떡집)
전낙봉, 윤청자(옛날집 낙원아구찜)
안상민(비원떡집)
조진희(종로복떡방)
낙원시장 상신상회

자료 제공
낙원떡집, 국립민속박물관, 국토지리정보원, 국가기록원, 종로구청
연합뉴스, 동아일보, 매일경제, 경향신문, 조선일보, 아시아경제, 김희동

일러두기

- 이 보고서는 2020년 서울미래유산기록 사업의 일환으로 제작됐다.
- 현장감 있는 내용 전달을 위해 제보자의 구술을 수록하였으나 내용이 중복되는 부분은 흐름에 방해되지 않는 범위 내에서 교정을 보았다.
- 현장에서 사용하는 일본어식 용어는 보고서에 사용을 지양하고 한글 또는 외래어 표기법을 따랐다.
- 수록된 이미지는 대부분 소장처의 동의를 구하였으나 당사자를 찾을 수 없는 이미지는 관련 소장자의 동의를 추후 구하고자 한다.
- 3장에 수록한 도구의 치수는 ㎝를 단위로 한다.
- 3장에 수록한 제작 공정과 도구는 낙원떡집의 경우를 조사한 것으로 일반적이지 않을 수 있다.
- 보고서에 실린 시각 자료는 서울역사아카이브(https://museum.seoul.go.kr/archive)에서 확인 및 다운로드가 가능하다.

서울미래유산기록 1

4대째 이어 가는 서울 떡집

낙원떡집

서울역사박물관

목 차

발간사

서울시는 2013년부터 근현대 서울을 배경으로 한 대표적인 유·무형의 자산을 '서울미래유산'으로 지정하고 있습니다. 이렇게 정해진 서울미래유산은 2020년 현재 470개에 달합니다.

서울역사박물관은 2007년부터 대표 조사 사업으로 〈서울생활문화자료조사〉를 추진하여 서울의 장소성을 담은 35개 지역을 조사했습니다. 이는 대개 행정 동 단위의 지역 조사 사업에 해당됩니다. 하지만 지역의 장소성 외에도 서울 사람들의 삶과 밀접하게 연관된 오래된 가게와 공장 같은 생산·소비의 현장, 약속 장소로 유명한 지역 명소, 가족 단위 나들이 장소 등 작은 단위의 면밀한 조사를 통해 서울 사람들의 생활문화를 보다 생생하게 들여다볼 필요성이 있습니다.

이에 서울역사박물관은 올해부터 연차별로 근현대 서울 사람들의 일상과 문화의 단면을 충실하게 담아내고자 〈서울미래유산기록〉 사업을 시작하게 되었습니다. 우선 서울에서 이름나고 오래된 가게를 계속 조사할 계획입니다. 이를 통해 긴 세월 서울 사람들의 일상 속에 깊이 자리 잡은 유명한 가게들을 자세히 들여다보고 기록하는 돋보기 역할을 수행할 것입니다.

서울미래유산기록 사업의 첫 번째 시작은 종로구 낙원동에 자리한 낙원떡집입니다. 낙원떡집은 4대를 이어오며 100여 년의 역사를 자랑하는 서울의 떡집으로, 떡과 관련한 유일한 서울미래유산입니다. 낙원떡집은 서울 사람들과 근현대를 고스란히 공유하며 현재까지도 명맥을 이어가는 오래된 가게로 서울 사람들의 삶과 생활을 간직하고 있습니다. 서울의 급격한 도시화와 기계 생산 도입으로 그 모습이 여러 차례 변화했지만, 낙원떡집의 현재 모습을 있는 그대로 기록하는 것 또한 미래 세대를 위해 의미 있는 작업일 것입니다.

흔쾌히 조사를 수락해 주신 낙원떡집 이광순 사장님과 가족, 직원 분들, 조사를 위해 협조해 주신 낙원동 주민과 상인 여러분께 감사를 표합니다. 그뿐 아니라 다양한 방식으로 낙원떡집을 함께 기록해 준 서울소셜스탠다드 박지은, 김민철 선생님, 김상현 사진작가님, 조사연구과 직원들에게도 진심으로 감사드립니다.

2020년 12월
서울역사박물관장 **배현숙**

Foreword

Since 2013, Seoul City has been designating leading modern and contemporary tangible and intangible assets in Seoul as 'Seoul Future Heritage.' As of 2020, the Seoul Future Heritage list contains 470 assets.

Since 2007, one of Seoul Museum of History's main projects has been conducting studies on materials related to life and culture in Seoul. So far, 35 areas that embody the unique characteristics of Seoul have been researched. The project involves studying areas, and is mainly conducted on administrative units at the ward (dong) level. However, in addition to the special characteristics of areas, there is also a need for our studies to paint a more vivid picture of the lives and culture of Seoul's people by conducting more in-depth examinations of smaller locations that are closely related to life in Seoul. These include facilities for production and consumption such as old stores and factories, local attractions that serve as well-known meetup spots, and popular picnic locations for families.

In line with this, Seoul Museum of History began the Seoul Future Heritage Records project this year with the goal of faithfully capturing snapshots of daily life and culture in modern and contemporary Seoul each year. Our first priority is an ongoing project to study Seoul's old and beautiful shops, recording and shining a magnifying glass on the famous stores that have become deeply enmeshed in the lives of Seoulites over a long period of time.

The first stop for the Seoul Future Heritage Records project is Nakwon Rice Cake House located in Nakwon-dong, Jongno-gu. Nakwon Rice Cake House boasts more than 100 years of history that spans four generations, and is the only Seoul Future Heritage asset related to rice cakes. Nakwon Rice Cake House has shared in the modern and contemporary history of Seoul alongside its people, and even today remains in existence as a place that treasures the lives and lifestyles of Seoul's people. Seoul's rapid urbanization and the advent of machine production have brought about changes to the store several occasions, but recording the present look of Nakwon Rice Cake House is also a meaningful endeavor for the sake of future generations.

I would like to thank Lee Gwang-sun, the owner of Nakwon Rice Cake House, as well as his family and staff, for welcoming our study, as well as the residents and merchants of Nakwon-dong for their cooperation. I am also grateful to Park Ji-eun and Kim Min-cheol from Seoul Social Standard for their help in creating records of Nakwon Rice Cake House in various formats, as well as our photographer Kim Sang-hyeon and all of our survey staff.

December 2020
Bae Hyeon-sook
Seoul Museum of History
Director

종로떡집

I

조사 개요

떡메를 치는 모습(1900년대 초)

1 남주북병(南酒北餠)과 서울 떡

우리나라 떡의 역사와 의미

우리나라는 역사상 농경을 최우선의 생업으로 삼은 나라였다. 그렇기 때문에 곡물 음식인 떡과 밥이 발달해 오늘날 밥이 우리 주식으로 자리 잡게 됐다. 떡의 역사는 황해도 안악 제3호분에서 나온 시루 및 출토물들과 『삼국사기』, 『지봉유설』, 『동국세시기』를 비롯한 각종 사료에 등장할 정도로 오래됐다.

떡은 밥과 반찬으로 구성된 일상식이 등장하는 삼국시대 이전에는 지금과 같은 별식(別食) 또는 시식(時食)이 아닌 주식(主食) 역할을 했다. 구석기시대부터 청동기시대까지는 곡물을 마땅히 익힐 도구가 없었다. 이러한 까닭에 곡식을 가루로 갈아서 물을 넣고 쪄서 먹었다.[1] 이것이 떡의 기원이라 할 수 있다. 삼국시대에 들어와 철을 이용하게 되면서 가마솥을 만들고, 쌀을 물과 함께 가마솥에 넣어서 끓여 익히기 시작했다.[2] 이로써 밥과 반찬으로 구성된 일상식이 등장한 것이다. 이후 떡은 일상식의 기능을 잃고 의례적 기능이 남아 발달하게 됐다.

떡은 고려시대에 들어와 불교문화가 발달되자 차와 더불어 먹는 음식인 정진음식으로 비약적인 발전을 했다. 고려시대와 조선시대 때 떡은 고급 음식으로서 궁중에서도 일상식으로 사용하지 않았고,[3] 의례와 행사에서 사용하게 됐다. 별미로서의 떡은 세시풍속에 따른 세시음식에서 사용됐다. 예부터 우리나라는 음력 정월부터 섣달까지 해마다 같은 시기에 반복돼 전해 오는 주기 전승 의례로서의 세시풍속과 개인의 일생에서 경험하는 중요한 사건과 관련해 가족 중심으로 행하는 의례로서의 통과의례가 있었다.

1 서울특별시 시사편찬위원회, 『서울의 전통음식』6, 2014, 32쪽.
2 삼국시대에 쌀밥은 왕실과 귀족의 주식이었다고 할 수 있다. 삼국시대 이후 농업생산량이 증대함에 따라 밥과 반찬이 일상식으로 자리 잡게 됐다. 쌀이나 곡식류를 가루로 내어 취식할 때 양이 적어짐에 따라 떡은 귀한 음식으로 자리 잡고, 밥은 일상식으로 자리하게 된 것이다.
3 김상보, 『우리음식문화 이야기』, 북마루지, 2013, 88쪽.

우리나라는 농경 사회로서 절기에 맞는 세시음식이 존재했다. 세시음식은 농경생활을 반영했기 때문에 쌀과 잡곡을 기본 재료로 하는 떡이 세시음식의 중심이었다. 세시음식으로 설에는 떡국을 먹고 정월대보름에는 약식을 먹었다. 이는 새해의 건강과 무탈을 기원하면서 먹던 음식이다. 음력 2월 1일에는 농사일이 시작하기 때문에 송편을 먹고, 음력 3월 3일에는 진달래꽃으로 화전을 부쳐 먹었다. 음력 4월 초파일에는 느티나무의 어린 잎에 멥쌀가루를 입힌 느티떡을 해 먹었다. 연등 행사를 치르면서 축하하는 의미도 있었지만 3~4월에 돋아난 느티나무 어린 잎의 맛이 특별났기 때문이다. 음력 5월의 단오에는 1년 농사의 시작을 마무리하는 시기가 가까워 옴에 따라 수레바퀴 문양의 떡살로 찍어 떡을 만들고 풍작을 기원하며 단오 차례를 지냈다. 1년 중 가장 무더운 음력 6월 15일에는 유두일(流頭日)이라 하여 계곡에서 머리를 감고 꿀에 버무린 콩이나 깨를 소로 해서 넣은 상화병을 먹었다. 음력 8월이 되면 햅쌀로 만든 송편과 시루떡·인절미를, 음력 9월이 되면 국화전을 해서 먹었다. 음력 10월에는 추수를 감사하는 뜻으로 붉은 팥 시루떡을 만들었다. 또 쑥의 새순이 돋으면 동그란 떡에 삶은 콩가루와 꿀을 바른 쑥단자를 먹었다. 이것은 제철에 나는 재료로 집안의 안녕과 건강을 챙긴 과거 시식문화였다.[4]

진달래 화전(국립민속박물관 제공)

수리취떡(국립민속박물관 제공)

4 국립민속박물관, 『한국 의식주 생활 사전』(식생활), 2018. 참조.

가을 고사떡(국립민속박물관 제공)

통과의례 음식으로서의 떡은 각종 의례 때마다 나름의 의미를 가지고 사용됐다. 통과의례에서 처음 등장하는 떡은 아기가 태어난 후 삼칠일, 백일, 돌이 되는 날과 아이가 열 살이 될 때까지 먹는 떡이다. 이 시기에는 백설기를 만들어 먹으면서 아기가 무탈함을 기원했다. 같은 의미에서 무병장수를 빌기 위해 수수팥경단, 오색송편, 무지개떡, 인절미도 돌상에 올려졌다. 책례 때는 어려운 학습을 끝냈음을 축하하는 의미에서 오색송편을 먹었다. 혼례에는 봉치떡, 인절미 등을 식이 진행되는 중이거나 식 이후 부부의 행복을 기원하며 사용했다. 혼례 절차인 납폐에서는 신랑 집에서 신부 집으로 혼수함을 보내면 신부는 혼수함을 받아 함 위에 봉치떡을 올렸다. 봉치떡은 붉은 팥고물을 두 켜로 안친 찹쌀 시루떡이다. 떡 위에는 밤과 대추를 올려놓았다. 봉치떡의 붉은 팥고물은 액을 면하게 한다는 의미, 두 켜로 하는 것은 한 쌍의 부부를 의미, 봉치떡의 재료인 찹쌀은 부부의 금실이 찰떡처럼 잘 합쳐지라는 의미였다. 떡 위에 올린 대추와 밤은 아들과 딸을 상징하는 것이었다. 찹쌀이 주재료인 인절미도 봉치떡의 찹쌀과 같은 의미로 신행떡이나 이바지떡으로 많이 사용했다.

세시음식과 통과의례 외에도 각종 의미에서 떡이 사용됐다. 회갑 잔치에는 큰상이라고 하는 상차림을 했는데, 떡을 높게 쌓은 큰상을 차려서 회갑을 축하했다. 서울·경기 지역의 경우 갖은편을 30~70㎝ 높이의 원통형으로 괴어서 배열했다. 이 고임상들 위에는 화전이나 주악·단자들을 웃기로 얹어 꾸몄다.

제례에는 편이라 하는 떡을 올렸다. 주로 백편, 승검초편, 꿀편, 깨찰시루편, 녹두찰편을 놓았다. 뒷간귀신(廁神)을 달래는 떡으로는 똥떡이 사용됐다. 붉은 팥으로 만든 시루떡은 각종 토속신앙과 제사에서 액운을 없애는 의미로 사용됐다.[5]

5 국립민속박물관, 『한국 의식주 생활 사전』(식생활), 2018. 참조.

1 안동 천전리 의성김씨 종택 불천위제의 떡 고임(2002, 국립민속박물관 제공)

2 돌상(국립민속박물관 제공)

3 회갑상(국립민속박물관 제공)

우리나라 각 지역의 향토 떡과 서울 떡

대표적인 향토 떡으로는 경기도의 개성우메기·개성경단·개성주악·여주산병·우찌지, 강원도의 감자송편·감자경단·찰옥수수시루떡·메밀총떡·방울증편·언감자떡, 충청도의 쇠머리떡·호박떡·곤떡·막편·장떡, 전라도의 감단자·감인절미·감고지떡·꽃송편, 경상도의 모듬백이·쑥굴리·잣구리·망개떡, 제주도의 조침떡·오메기떡·빙떡 등이 있다.

쑥굴리

서울의 떡은 대개 궁중 떡이라 할 수 있다. 조선시대 요리서인 『시의전서』, 『규합총서』, 『주방문』, 『요록』, 『증보산림경제』를 통해 서울 사람들이 주로 즐기던 떡을 확인할 수 있다. 대표적인 서울 떡으로는 약식, 편, 웃기, 주악, 단자, 두텁떡, 송편, 인절미 등이 있었다.

도서명		특징 및 떡의 종류
『시의전서』		1800년대 말엽에 지어진 찬자 미상의 책이며, 현존하는 것은 1919년의 한글 필사본이다. 약식, 시루편, 팥편, 녹두편, 녹두찰편, 팥찰편, 꿀찰편, 깨찰편, 꿀편, 승검초편, 백편, 시루편, 갖은웃기, 흰주악, 치자주악, 대추주악, 귤병단자, 밤단자, 밤주악, 건시단자, 석이단자, 승검초단자, 잡과편, 두텁떡, 화전, 생강편, 무떡, 송편, 쑥송편, 어름소편, 증편, 대추인절미, 쑥인절미, 깨인절미, 쑥절편, 송기절편, 송기개피떡, 적봉령편, 상실편, 개피떡, 골무편, 경단, 막우설기, 호박떡
『규합총서』	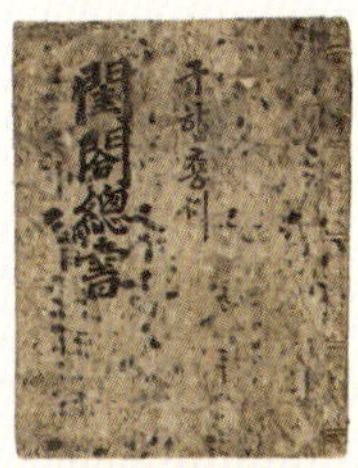	1809년 빙허각 이씨가 부녀자를 위해 가정살림의 지침이 되는 일을 기록한 책이다. 빙허각 이씨는 전주 이씨로, 조선 영조 35년(1759) 서울에서 태어나 1824년 66세로 세상을 떠났다. 복령조화고, 백설고, 유자단자, 원소병, 승검초단자, 석탄병, 도행병, 신과병, 혼돈병, 토란병, 남방감저병, 잡과편, 증편, 석이병, 두텁떡, 서여향병, 송기떡, 상화, 무떡, 백설기, 대추조악, 꽃전, 송편, 인절미
『주방문』		한글로 쓰인 조선시대 조리서로, 정확한 저술 연대와 작자는 알 수 없는 책이다. 그러나 고추를 이용한 조리법이 없는 점을 고려할 때 『음식디미방』과 비슷한 시기에 편찬된 것으로 보인다. 책의 제목은 『酒方文』이지만 술 빚는 법 이외에 다양한 음식조리법도 수록돼 있다. 기증편, 꽃전
『요록』		1680년 경에 지어진 찬자 미상의 책이다. 책 끝장에 국계에서 금상 호(효종), 세자 연(현종), 순(현종의 아들)이라고 기록돼 있어 다음 왕 숙종 때의 초기인 1680년대에 쓰인 것으로 추정된다. 증병, 송고병, 송병, 쇄백자, 유병, 청병
『증보산림경제』		1766년 유중림이 『산림경제』를 증보해서 엮은 농서이다. 다양한 내용을 다루는 한편 『치선』 상·하권에서는 떡을 비롯한, 음식 만드는 법이 수록돼 있다. 잡과떡, 밤떡, 쑥단자, 화전(진달래, 장미, 국화), 살구떡(복숭아), 화병, 보리떡, 송피떡, 풍악석이떡

조선시대 요리서에 실린 서울 떡의 종류

갖은편은 멥쌀로 찐 떡으로 설기류에 해당한다. 단 일반 설기와 다른 점은 쌀가루에 꿀을 넣어서 섞는다는 것이다. 갖은편은 꿀을 섞은 멥쌀가루에 밤, 석이, 대추채를 고명으로 올린다. 이 과정을 백편, 꿀 색을 낸 꿀편, 쑥 색을 낸 쑥편까지 세 번 반복해서 켜켜이 쌓아 찌면 완성된다. 각 편 사이에는 창호지를 깔아 고명이 흩어지지 않게 하는 것이 중요하며, 쌀가루와 꿀이 잘 섞이도록 가루를 채에다 곱게 쳐야 한다. 갖은편은 회갑이나 칠순 잔치 때 쓰던 떡으로, 고임상에 쌓았다. 제례에 쓰는 편류 고물에는 붉은 팥을 사용하지 않는다. 그 대신 정성껏 손질한 거피팥을 사용한다.

꼬리절편은 멥쌀로 친 떡이다. 일반 절편에 반죽의 양 끝을 손으로 비벼서 꼬리 모양을 만들고 꽃을 올려 마무리한다. 꼬리절편은 절편덩이로 만들며, 일반 절편을 만들 때보다 반죽을 묽게 한다. 그리고 장식성을 더하기 위해 빨간색과 쑥색으로 만든 꽃 모양 반죽을 꼬리가 만들어진 절편 위에 올린 뒤 도장을 찍어서 마무리한다. 떡 색으로는 흰색, 분홍색, 쑥색이 있다. 꼬리절편은 주로 결혼식을 비롯한 잔치에서 쌓는 고임상의 웃기로 사용한 떡이다.

송편은 멥쌀로 찐 떡이다. 1990년대만 하더라도 추석이면 온 가족이 둘러앉아 직접 송편을 빚어서 먹는 가정이 많았다. 송편은 3~4시간 불린 멥쌀을 가루로 내고 밑반죽을 한다. 밑반죽으로 나온 반죽덩이를 적당량 떼어내 손으로 모양을 잡은 다음 소를 넣고 반달 모양으로 만들어서 40분간 시루에 찐다. 송편을 쪄낼 때 중요한 것은 불 조절이다. 특히 불이 좋을 때 김을 확 올려서 쪄야 한다. 불이 은근하면 떡이 퍼지기 때문이다.

증편은 멥쌀가루에 술을 넣고 반죽해서 발효시킨 다음 찐 떡이다. 쉽게 변하지 않는다는 게 특징이다. 기장떡, 기주떡, 쪽기정, 기증편, 순흥기주떡으로도 불린다.

경단은 찹쌀가루를 익반죽해서 둥글게 만들고, 끓는 물에 삶은 뒤 다양한 고물을 묻힌 떡이다. 경단은 3~4시간 불린 찹쌀을 가루로 내고 물을 섞어서 밑반죽한다. 밑반죽으로 나온 반죽덩이를 익반죽해서 한 입 크기의 동그란 모양으로 빚는다. 구슬처럼 빚은 반죽을 끓는 설탕물에 삶은 뒤 녹두, 팥, 계피, 검은깨, 카스텔라 가루 고명을 묻히고 털어낸다. 경단은 단자와 만드는 방법이 유사하지만 단자와 달리 소가 들어가지 않는 것이 특징이다. 경단은 여러 가지 고

1

2

3

4

5

1 갖은편
2 꼬리절편
3 송편
4 증편
5 경단

물을 묻혀서 백일상, 돌상에 올린다. 아이의 무병장수 기원과 벽사의 뜻으로 붉은 수수 또는 붉은 팥고물을 사용한 수수팥경단을 만들어서 상에 올리기도 한다.

단자는 찹쌀가루를 빚어 찌는 떡이다. 찹쌀가루를 찬물로 반죽해서 동그랗게 모양을 빚고, 그 속에 호두와 잣 같은 견과류가 섞인 앙금을 넣는다. 앙금이 들어간 단자 반죽을 끓는 물에 삶은 뒤 대추채, 밤채 같은 고명을 묻힌다. 단자를 삶을 때 반죽이 물에 뜨면 빨리 건져서 찬물에 식히는 것이 중요하다. 단자의 주재료인 찹쌀을 너무 삶으면 떡 모양이 흐트러지기 때문이다. 신행이나 각종 잔치 때 사용했다.

약식은 찐 찹쌀을 꿀·참기름·간장으로 간을 한 후 밤·대추·잣 등을 섞어서 다시 찐, 단맛이 나는 밥 종류다.

두텁떡은 조선시대 궁중에서 잔치 때 만든 떡이다. 합병(盒餠), 후병(厚餠), 봉우리떡이라고도 했다. 봉우리떡은 보통 시루떡처럼 고물과 떡가루를 평평하게 안치지 않고 떡을 작은 보시기 크기로 하나씩 떠낼 수 있도록 소복소복 안친다고 해서 불린 이름이다. 두텁떡을 만들 때는 먼저 찹쌀가루·진간장·꿀을 함께 섞어 비벼서 체에 내리고, 푸른 팥을 맷돌에 갈아 껍질을 벗겨서 시루에 찐 후 어레미 체에 내린다. 두꺼운 솥이나 냄비에 식용유를 조금 두른 다음 체에 내린 거피팥고물에 진간장, 황설탕을 넣고 보슬보슬하게 볶아 거피팥고물을 만든다. 소는 작게 썬 밤·대추·호두·잣과 다진 유자청 건더기를 섞어서 넣어 완자 모양으로 빚는다. 시루에 팥고물을 깔고 떡이 잘 익도록 멥쌀가루를 한 켜 놓은 뒤 볶은 거피팥고물을 충분히 얹고 물 내린 찹쌀가루를 한 수저씩 붙지 않게 떠 놓는다. 그 위에 완자 모양의 소를 놓은 다음 찹쌀가루를 얹어 소가 보이지 않게 덮고, 다시 볶은 거피팥고물을 충분히 얹는다. 봉우리 사이로 3~4켜 안쳐서 찐다. 다 찌면 한 김이 나간 후 주걱으로 떡을 하나씩 꺼내면서 모양을 다듬어 그릇에 담는다.

주악은 찹쌀을 지진 떡이다. 찹쌀가루를 찬물로 반죽해서 모양을 만든 후 반죽 위에 꽃을 놓고 도장을 찍는다. 그 후 설탕을 반죽에 뿌리고 기름을 두른 프라이팬에 지져 낸다. 설탕을 뿌리는 이유는 찹쌀 반죽이 서로 달라붙지 않게 하기 위함이다. 주악은 회갑이나 칠순 잔치 때 꼭 쓰던 떡으로, 고임상 떡의 웃기로 사용했다.

1

2

3

1 단자
2 약식
3 두텁떡

남주북병(南酒北餠)과 낙원동 일대 오래된 떡집

과거 서울에 대한 다양한 이야기 가운데 남주북병(南酒北餠)이라는 이야기가 전해진다. 남주북병은 청계천을 경계로 하여 남쪽은 술이, 북쪽은 떡이 유명했다는 것에서 유래했다. 이와 관련한 기록은 조선 후기 학자 홍석모의 『동국세시기(東國歲時記)』와 조선 후기 학자 신위의 『경수당전고(警修堂全藁)』에서 찾아볼 수 있다.

按歲時雜記二社尙食糕以棗爲之,
今俗亦然. 南山下善釀酒北部多佳餠都俗稱南酒北餠。
(『東國歲時記』, 3月 月內)

송나라 여희철의 세시잡기에 따르면 양사일에 대추를 넣어 떡을 만들어 먹는다고 하는데 지금 우리의 풍속 역시 그러하다. 남산 아래에선 술을 잘 빚고 북부에서는 맛 좋은 떡이 많으니 서울에서 이것을 남주북병이라 칭했다.

古有南酒北餠之諺。南酒以産於長興會賢者爲第一。
(警修堂全藁 冊4, 長興坊雜詠)
俗有南酒北餠之語。三淸粉餈記宲。(警修堂全藁 冊3, 送酒斗室)

옛날부터 있어 온 속담 가운데 남주북병이라는 말이 있는데 청계천 남쪽 장흥방 회현에서 생산하는 술이 제일이고, 북쪽은 삼청동 찹쌀떡이 그것이라 한다.

19세기 서울 모습의 하나이던 남주북병은 일제강점기에 이미 그 모습을 잃었다. 하지만 아직도 서울에서 떡집을 떠올리면 남녀노소 할 것 없이 '낙원동'을 떠올리게 된다는 점에서 남주북병이란 말을 다시금 떠올리게 한다. 현재 낙원동 일대에 오래된 떡집을 꼽으라면 낙원떡집, 비원떡집, 종로복떡방을 들 수 있다.

낙원떡집은 서울 대표 떡 골목인 낙원동 떡전거리의 효시와 같은 떡집이다. 현재 낙원떡집은 역사가 약 100년에 이르렀다. 낙원떡집은 1대 고이뻐가 상궁에게서 궁중떡을 배워 1910년대부터 원서동 일대에서 떡을 팔던 것에서 시작했다. 고이뻐 이후 낙원떡집은 낙원시장 일대로 장소를 옮겨 가게를 마련하고

원조 낙원떡집
Since 1920
732-5579~80
741-6691~92
438
원조낙원떡집
낙원떡집

낙원떡집

코아스쿨
초중고
수능
내신
好圓堂
호원당
일방통행

호원당

김인동, 이광순으로 이어지는 모계 계승을 했다. 현재는 이광순의 장남 김승모가 이어받아 4대에 이르며, 본점·인사동점과 떡공장을 운영하고 있다.

호원당은 서울 다동에서 출생한 조자호(1912~1976)가 1953년 종로에 개설한 전통 병과류 전문점이다. 조자호는 고종 3년까지 10년간 영의정을 지낸 조두순의 4대 손녀이며, 순종황후 윤대비와 이종사촌 간이다. 이 때문에 어릴 적부터 궁중을 자유로이 드나들며 구한말 명문대가의 양반가 전통음식과 조선왕조의 궁중요리를 익히며 자랐다. 호원당은 1953년 종로에서 시작해 1965년 이화여자대학교 인근으로 이전했고, 현재는 3대에 이어져 압구정에 매장을 두고 있다. 백편, 꿀편, 신검초편, 주악, 단자병, 찰부꾸미 등 가정에서만 전래되던 떡이 상품화됐다. 특히 국왕 탄일에 먹던 궁중 떡인 두텁떡이 유명하다.[6]

비원떡집은 조선왕조 마지막 궁중음식 기능보유자인 한희순 상궁에게서 홍간난(1925~1999)이 전수받아 1949년 익선동에서 시작됐다. 궁중 방식으로 매장 없이 집에서 주문 떡만을 빚어 판매해 오다 홍간난 작고 후 직원이던 안인철이 대를 이어 운영하고 있다. 2000년대 초반에 작업장을 효자동으로 옮겼으나 여전히 소매는 하지 않았다. 2014년 안인철 아들 안상민이 운영에 참여하면서 수송동에 처음 매장을 열고 소매를 시작했다. 갖은편, 두텁떡, 쌍개피떡, 단자, 웃지지 등 현재까지도 궁중 떡을 전통 방식으로 당일 소량 생산으로 판매하고 있다.[7]

종로복떡방은 1965년 4월 5일 종로구 종로2가 72-1에 문을 열었다. 떡 산업에 관심이 높던 창업주가 일본에서 찹쌀떡을 배우고, 기계 설비를 도입해 종로복떡방을 개업한 것이다. 1966년 광화문, 신신백화점, 서린동에 직영점을 열고 결혼·기업 행사 답례품을 전문으로 판매했다. 1978년 은평구 진관외동으로 공장을 확장 이전해 대량생산 체제를 갖추었다. 88서울올림픽 지정식품, KAL 기내식 떡 공급, 단체급식 납품 등을 했다. 2018년 종로본점 매장을 리모델링해 현재 2대 조성민 사장의 아들인 3대 조진희 실장이 운영에 참여하고 있다. 대표 메뉴인 찹쌀떡은 '복떡'이란 이름으로 상표등록을 했다.[8]

6 호원당 홈페이지(www.howondang.co.kr) "호원당 이야기"
7 안상민(남, 1984년생, 비원떡집 매장 운영자), 2020. 10. 15. 조사.
8 조진희(남, 1984년생, 종로복떡방 실장), 2020. 10. 15. 조사.

보탑 승복사
T.733-4522
20

비원떡집

SINCE 1965
종로복떡방
4F 고려콘택트
3F 아이폰수리전문
B1 번역
OPEN
OPEN

종로복떡방

낙원떡집 서울미래유산 표식

서울미래유산 인증서

2 서울미래유산 낙원떡집

서울시는 2013년부터 서울미래유산을 지정해 오고 있다. 2020년 현재 총 470개의 미래유산이 지정돼 있다. 서울미래유산이란 문화재로 등록되지 않은 서울의 근현대 문화유산 가운데에서 미래 세대에게 전달할 가치가 있는 유·무형의 모든 것으로, 서울 사람들이 근현대를 살아오면서 함께 만들어 온 공통의 기억 또는 감성으로 미래 세대에게 전할 가치가 있는 것을 말한다.

이 같은 서울미래유산제도는 사회 변화로 말미암은 새로운 기능의 수용과 기술 발달에 따른 편리 추구 속에서 근현대 서울 시민의 삶 모습이 담긴 문화유산이 멸실되고 훼손되는 현상에 주목해서 도입됐다. 그리고 그것은 근현대 문화유산 보전에 시민의 자발적 참여를 통해 문화유산의 가치를 전달하고, 스스로 지키고 가꾸는 일에 자긍심이 들 수 있는 새로운 보전 방식이어야 했다.

서울미래유산은 중요한 인물이나 사건 등 이해에 현저하게 도움이 되는 것, 서울을 소재 또는 배경으로 하는 작품이나 서울 사람들에게 널리 알려진 기념물, 서울 사람들에게 널리 알려진 특색 있는 장소 또는 경관, 서울의 생활문화 이해에 현저하게 도움이 되는 것을 대상으로 한다. 이에 따라 문화예술, 정치역사, 산업노동, 시민생활, 도시관리 등 5개 분야의 서울미래유산이 지정된다.

서울미래유산 2013-043호인 낙원떡집은 떡과 관련한 유일한 미래유산이다. 낙원떡집은 종로구 낙원동에 터를 잡고 문을 연 이래 4대를 이은, 100여 년의 역사를 자랑하는 우리나라 최초의 떡집으로 알려져 있다. 서울미래유산으로서의 낙원떡집은 서울 사람들과 근현대를 고스란히 공유하며 현재까지도 명맥을 이어 가는 오래된 떡 가게로 서울 사람들의 삶과 생활을 간직하고 있다는 점에서 의의가 있다.

낙원떡집 공간 현황

매장 및 공장 현황

낙원떡집 본점(낙원동 9번지)
낙원떡공장(낙원동 1·2·3·4번지)
인사동점(인사동 181-1번지)

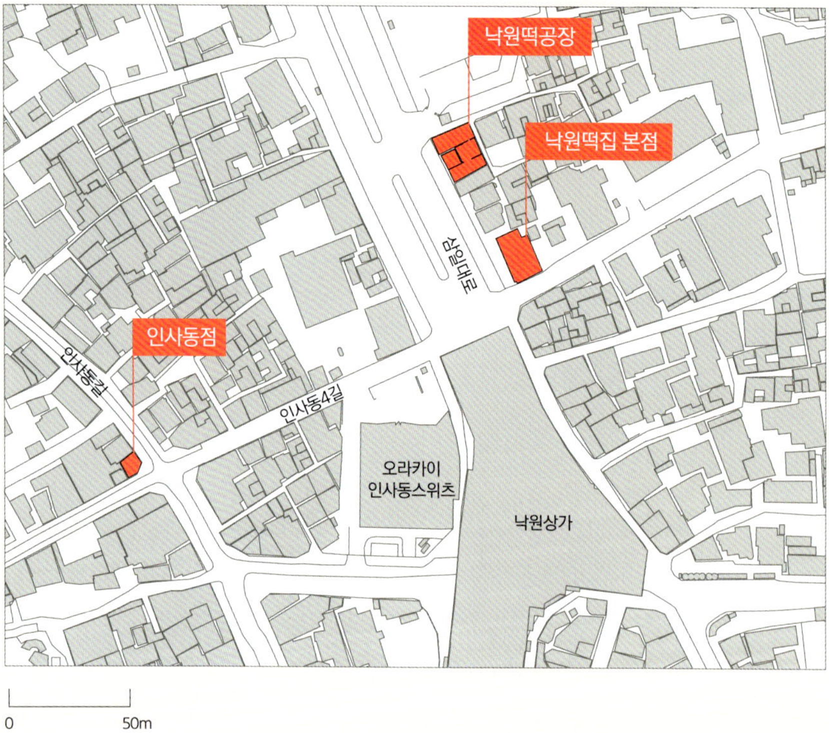

주소	대지 개요						실사용 공간정보		
	대지 면적	연면적	건축연도	구조	규모	토지·건축물 소유	면적(실측 기준)	층	비고
낙원떡집 본점									
낙원동 9	452.8㎡	716.44㎡	2004	철근콘크리트	지상4층	박종욱 외 2인	약 17평	1층	1층 매장 임대로 사용
낙원떡공장									
낙원동 1	109.1㎡	67.64㎡	-	목조	지상1층	김정귀	약 60평	-	-
낙원동 2	69.4㎡	86.25㎡	1946	목조, 시멘트블록조	지상2층	김정귀		-	1층 공간 중 일부만 공장으로 사용
낙원동 3	49.6㎡	22.60㎡	-	목조	지상1층	김정귀		-	-
낙원동 4	76.0㎡	48.36㎡	-	목조	지상1층	김정귀		-	2층 기숙사로 사용
인사동점									
인사동 181-1	63.1㎡	160.77㎡	1959	철근콘크리트,연와조	지상3층	토지소유: 김효봉 외 3인 건축물소유: 김효봉 외 2인	약 6평	1층	1층 매장 임대로 사용

낙원떡집 공간 변화상

낙원시장에서 인사동까지

1. 낙원시장에서 떡 판매 시작
2. 낙원동 272번지 하부 모서리로 이전
(낙원시장 재개발 - 낙원상가)
3. 1968년 낙원동 272번지 우측 모서리
(구 279-4번지)로 이전
4. 1993년 낙원동 9번지(구10-1번지)로 이전
(공평지구 제12지역 재개발)
5. 1990년대 후반 낙원동 1-4번지로 이전
(구 10-1번지 건물 신축에 따른 임시 매장)
6. 2004년 낙원동 9번지로 다시 이전
1~4번지 임시매장을 떡공장으로 사용
7. 2004년 인사동 181-1번지 인사동점 개업

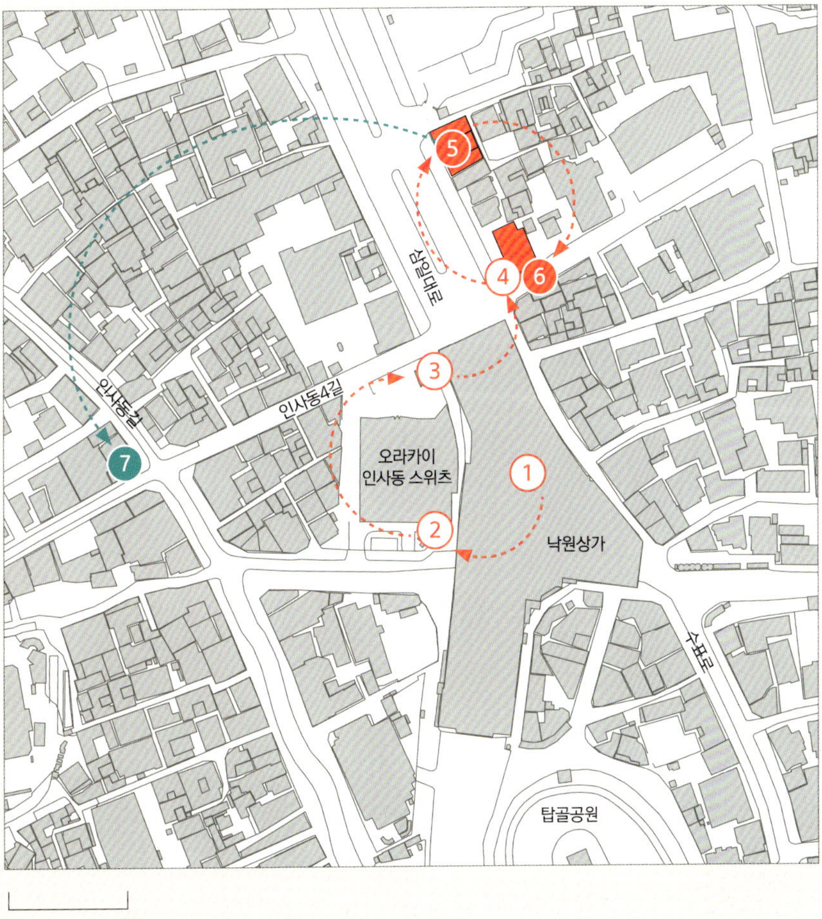

낙원떡집
MaRoo
지건설

원조 종로떡집
설렁탕
종로떡집
부동산

낙원떡집 인근 가로 입면

삼일대로 양옆으로 자리한 낙원동 떡집

1 낙원떡집 3대 이광순과 조사자
2 낙원떡집 3대 이광순, 김정귀 부부 조사 모습
3 낙원떡집 4대 김승모와 조사자
4 김정귀 구술 모습
5 낙원떡집 3·4대

3 조사 방향과 조사 과정

서울역사박물관은 2007년부터 '서울생활문화자료조사'를 통해 동(洞) 단위의 지역 조사를 수행하고 있다. 하지만 오래된 가게, 기술, 의례 등 작은 단위의 면밀한 조사에는 역량이 미치지 못하고 있었다. 이 때문에 대내외적으로 면(面) 단위 조사에서 점(點) 단위 조사로의 확대 필요성이 요구되고 있었다.

이에 서울역사박물관은 도시 박물관으로서 그동안 주목받지 못한 근현대 서울 사람들의 일상과 문화 단면을 충실하게 기록하는 것을 목표로 하여 서울미래유산을 조사·기록하는 사업을 시작했다. 서울미래유산기록 사업은 서울 생활사를 들여다보는 돋보기 역할을 수행하기 위해 단발성 조사가 아닌 연차 조사로 진행된다.

낙원떡집은 4대를 거치면서 도시화로 말미암아 낙원동에서도 여러 번 위치를 옮기고, 기계화되면서 과거 모습을 많이 잃었다. '떡'이라는 음식을 통해 서울 사람들의 추억과 생활 속에 오랜 시간 함께해 온 낙원떡집의 기억이 더 이상 잊히기 전에 조사팀은 과거 모습을 기록하는 한편 현재 모습을 충실히 조사해서 미래 세대에 전하고자 한다.

낙원떡집 조사는 크게 문헌 조사와 현장 조사로 진행됐다. 낙원동의 변천과 같은 역사적 사실은 신문 자료 등 문헌 자료에 근거했고, 낙원떡집에 대한 구체적 자료는 구술 조사와 참여 관찰 조사를 병행해 현장 조사를 수행했다. 구술 조사는 낙원떡집 3~4대 운영자 및 직원 등 구성원을 대상으로 했고, 부족한 부분은 낙원시장 상인과 주민 등을 통해 보강했다. 참여 관찰 조사는 낙원떡집의 하루 24시간의 모습을 생생하게 기록하기 위해 진행했다. 한편 낙원떡집 판매 공간인 본점·인사동점, 제작 공간인 공장의 현재를 사진 촬영과 실측 조사를 통해 시각적으로 기록했다.

2020년 2월 25일 전화로 사전 약속을 하고 낙원떡집 본점에서 4대 김승모 실장을 만났다. 그는 서울미래유산으로서 낙원떡집을 기록한다는 박물관 사업 취지에 공감하고, 조사를 승낙했다. 2월 조사 대상을 확정하고, 3월부터 본격적인 조사가 시작됐다.

우선 낙원동과 낙원떡집, 낙원동 떡전거리, 낙원시장에 관한 문헌 자료 조사를 통해 기초 자료를 수집했다. 3~5월은 낙원떡집 3대 이광순 사장과 4대 김승모 실장을 중심으로 구술 조사를 진행했다. 이를 통해 개략적인 낙원떡집의 변천과 운영을 확인할 수 있었다. 6월에는 그동안 구술 조사로 파악한 것들을 실제 현장에서 직접 확인하고 이해하기 위해 참여 관찰 조사를 실시했다. 참여 관찰은 기본적으로 떡집의 일상적 시간인 평시(平時)와 떡집의 1년 중 가장 대목인 추석으로 나눠 실시하고, 이를 비교·기록하고자 했다. 이러한 계획으로 1차 참여 관찰은 6월 1일부터 6일까지 본점 영업시간인 오전 7시부터 오후 10시까지를 기본으로 진행했다. 같은 시기 낙원떡공장 참여 관찰도 병행해 실시함으로써 떡의 제작부터 판매까지 낙원떡집의 하루를 온전히 기록하면 좋았겠지만 공장 내부 사정 등으로 본점과 공장의 참여 관찰은 동시에 진행되지 못했다. 낙원떡공장 참여 관찰은 6월 24일 오전 1시부터 오전 8시까지 실시했다. 이로써 조사팀은 낙원떡집의 하루와 일주일을 기록해 낼 수 있었다. 7~9월은 낙원떡집 운영자 외에 직원, 손님, 인근 낙원동 주민과 낙원시장 상인 등으로 조사대상을 확장해 낙원시장과 낙원동 떡전거리의 변천, 낙원떡집의 심층적인 이야기를 면접조사했다. 그뿐만 아니라 2차에 걸친 공간 실측조사가 진행됐다. 올해 추석은 10월 1일이었다. 이때문에 추석 전 9월 28일부터 10월 1일까지 4일간 본점과 공장 운영 시간 동안 참여 관찰 조사를 동시에 진행했다. 하지만 추석 대목의 참여 관찰 조사에서는 모든 생산과 판매가 송편에 치중된다는 것과 제수용 떡의 생산과 판매, 줄을 설 정도로 손님이 몰려 드는 것 외에 큰 차이점을 확인할 수 없었다. 이뿐만 아니라 명절 떡집은 손님이 인산인해를 이루며 굉장한 속도전을 치르고 있어 제대로 된 관찰과 기록이 불가능 했기에 쉽지 않았다.

코로나바이러스감염증(코로나19)는 일상을 모두 바꿔 놓았다. 감염 확산을 막기 위한 사회적 거리두기와 생활 방역으로 조사팀은 면접조사에 있어 어려움이 많았다. 하지만 주어진 환경 내에서 방역 수칙을 준수하며 조사했다. 또한 조사팀이 기록한 올해의 낙원떡집은 코로나19로 인해 특수한 1년을 기록한 셈이 됐는지도 모른다. 하지만 이러한 상황도 낙원떡집과 서울 사람들의 삶의 한 부분이기에 조사팀은 1년여 동안 최대한 생생한 기록을 하고자 노력했다.

1 토요일 낙원떡집 앞 풍경
2 낙원동 1번지 낙원떡공장
3 낙원떡집 인사동점

2월

2020. 2. 25.

낙원떡집 조사 진행 협의

낙원떡집 본점

3월

2020. 3. 16.

이광순 구술 조사

낙원떡집 본점

2020. 3. 30.

김승모 구술 조사

낙원떡집 본점

7월

2020. 7. 2.

낙원떡집 관련 공간 실측 조사(1차)

낙원떡집 본점
낙원떡집 인사동점
낙원떡공장

2020. 7. 7.

낙원떡집 관련 공간 실측 조사(2차)

낙원떡집 본점
낙원떡집 인사동점
낙원떡공장

2020. 7. 8.

낙원떡집 떡 제작 도구 조사 및 사진 촬영

낙원떡공장

2020. 7. 15.

낙원떡집 떡 제작 과정 조사 및 사진 촬영

낙원떡공장

4월

2020. 4. 14.

낙원떡공장 참여 관찰

낙원떡공장

2020. 4. 29.

이광순 구술 조사

낙원떡집 본점

8월

2020. 8. 5.

이광순 구술 조사

낙원떡집 본점

2020. 8. 17.

낙원떡집 관련 자료 조사

낙원시장 상인 구술 조사

낙원시장, 떡 박물관

2020. 8. 24.

낙원시장 상인 구술 조사

낙원시장

2020. 8. 31.

이광순 구술 조사

낙원떡집 본점

5월

2020. 5. 8.

김승모 구술 조사

낙원떡집 본점

2020. 5. 21.

공장 직원 구술 조사

낙원떡공장

9월

2020. 9. 16.

낙원떡집 본점, 인사동점 사진 촬영

낙원떡집 도구 조사 및 사진 촬영

이광순, 김정귀, 김승모 구술 조사

낙원동 일대 경관 변화 구술 조사

낙원떡집 본점
낙원떡집 인사동점
낙원동 세보가

2020. 9. 25.

낙원떡공장 참여 관찰

낙원떡공장

2020. 9. 28. ~ 2020. 10. 1.

낙원떡집 추석 참여 관찰 조사

낙원동 떡전거리 추석 풍경 사진 촬영

이광순, 김정귀, 김승모 구술 조사

낙원떡집 본점
낙원떡공장

6월

2020. 6. 1. ~ 2020. 6. 6.

낙원떡집 본점 참여 관찰

이광순, 김정귀, 김승모 및 직원 구술 조사

낙원떡집 본점

2020. 6. 16.

윤청자 구술 조사

옛날집 낙원아구찜

2020. 6. 23.

전낙봉, 윤청자 구술 조사

옛날집 낙원아구찜

2020. 6. 24.

낙원떡공장 참여 관찰

낙원떡집 떡 제작 과정 조사

낙원떡공장

2020. 6. 29.

이광순 구술 조사

낙원떡집 본점

10월

2020. 10. 15.

종로복떡방, 비원떡집 조사

종로복떡방
비원떡집

2020. 10. 21.

낙원떡집 관련 사진 촬영

낙원떡집 본점

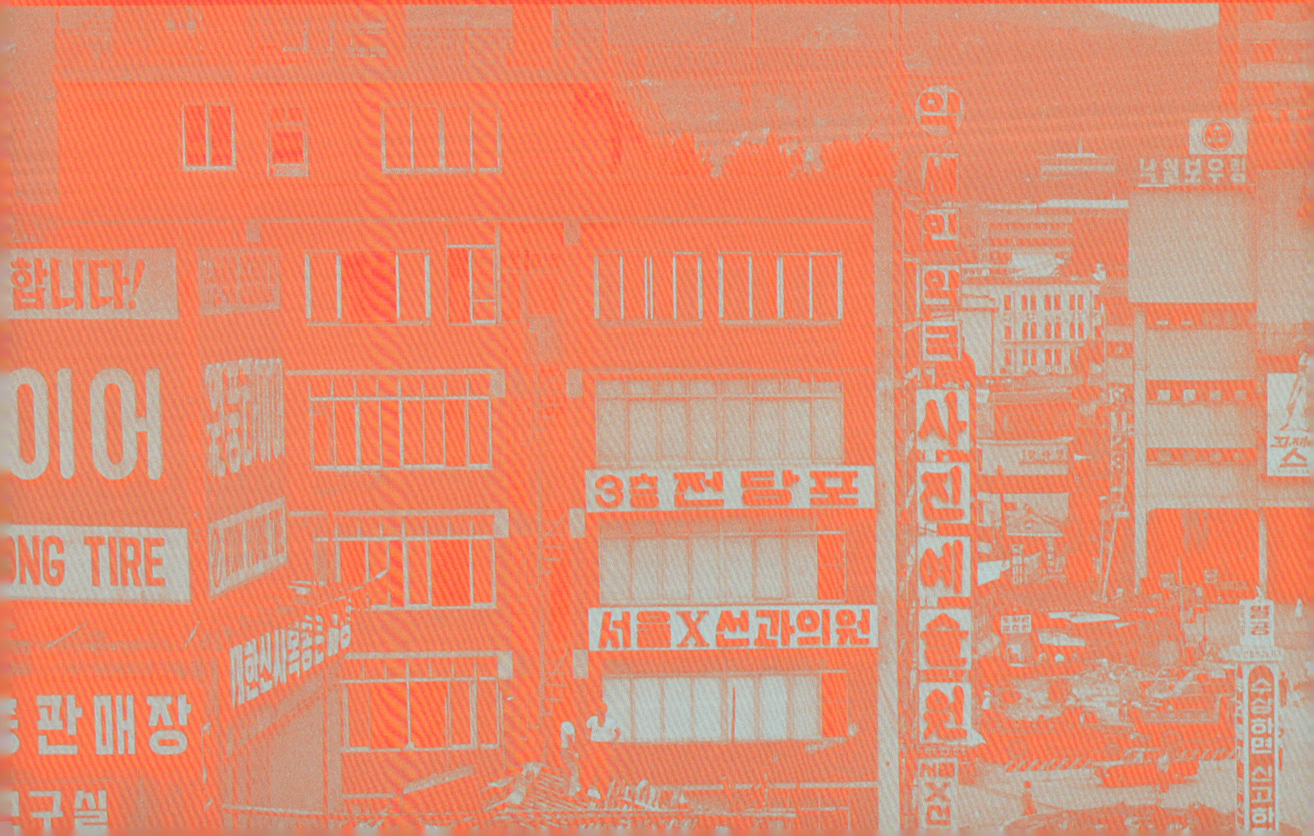
합니다!
NG TIRE
3층전당포
서울X선과의원
사진예술원
판매장

II

4대째 이어 가는 낙원떡집

1

낙원떡집의 탄생 : 1代 고이뻐

그 옛날에는 다 음식으로 교류했어요. 그래서 반가의 음식이 궁궐로 들어갔고, 또 궁중의 음식이 반가로 내려왔지요. 이 북촌에는 반가들이 살면서 궁궐하고 교류가 빈번해진 거였어요. 김장 김치, 새로 헐었잖아요? 그러면 우리 반가로 내려와요. 그러면 반가의 김치가 또 궁궐로 들어갔습니다. … 그렇게 음식이 교류되면서 그 음식이 서울 음식이 된 거죠.

서울특별시사편찬위원회, 『서울토박이의 사대문 안 기억』, 2010, 142-143쪽, 김숙년 구술.

1-1 원서동 상궁과 낙원떡집의 시작

궁중 떡의 민간 전래와 궁중 개혁

남주북병은 그 모습을 잃었지만 이후에도 서울 떡은 시식문화로 남아 있었다. 서울에서 시식문화가 두드러진 곳은 북촌이었다. 북촌의 떡 풍속은 그 곳에서 오래 산 사람들의 고유 풍속도 있었지만 궁궐과 민간이 꾸준하게 교류한 영향도 있었다. 그것은 과거 조선시대의 숙수 가운데 하나인 병공(餠工)에서 찾을 수 있다. 조선시대 사옹원(司饔院)은 궁궐 음식을 담당했으며, 구성원 가운데에는 떡이나 한과 등을 만드는 병공이 있었다. 병공을 비롯한 사옹원의 노자(奴子)들은 번차에 따라 근무했으며, 특정 행사에서 상을 받음으로써 역을 면하기도 했다.[9] 임진왜란 후 왕실의 각종 제사를 담당하는 봉상시(奉常寺)의 숙수들이 면천 혹은 면역으로 수가 줄자 이를 서울 5부(部)의 사숙수(私熟手)로 보충했다는 기록이 있어[10] 서울에는 사사로이 요리업에 종사하는 숙수가 있었음을 알 수 있다. 다시 말하면 궐내차노비는 공천 신분 숙수로, 요리업에 종사하다가 순서에 따라 사옹원에 입역해서 수라간 숙수 역할을 한 것이다.[11] 이렇듯 병공은 궁중 연회 등 일정한 사건이 없을 때는 사가에 거주했기 때문에 자연스럽게 궁궐 밖으로 궁중 떡이 전파될 수 있었다. 또한 공주 등 왕족이 혼인으로 궁궐을 떠나면서 궁에 있던 상궁이 함께 사가로 나가 공주를 보필했고, 이 과정에서 자연스럽게 사대부가에 음식문화가 전래되기도 했다. 이러한 상황에서 사대부가가 많던 북촌은 떡을 비롯한 궁궐 문화를 가장 빨리 접한 곳이었다.

9 『성종실록』 권8, 성종 1년 12월 19일 ; 『성종실록』 권14, 성종 3년 1월 20일.
10 『광해군일기』(중초본) 권24, 광해군 2년 1월 3일.
11 송수환, 「조선전기의 사옹원」, 『한국사학보』 3·4합집, 고려대학교 한국사학회, 1998. 참조.

이후 을사늑약 체결과 통감정치 실시 과정에서 궁중 내의 폐습을 모조리 없앤다는 명분으로 실시한 궁중 개혁을 통해 궁중과 민간 사이의 문화 교류는 더욱 심화됐다. 궁중 개혁은 궁중의 출입을 통제하고 궁중 내의 관리들을 대거 출궁시키거나 퇴거시켰다. 그 과정에서 고종과 순종을 보필하는 일부 내시와 궁녀만 궁에 남고 대부분 퇴출되면서 내시 제도는 폐지됐다.[12]

이때 궁궐에서 나온 궁녀들은 궁중 떡 문화를 비롯한 궁중 생활문화 전승자였다. 이들은 출궁 후 궁궐 밖 사람들과 교류했다. 일제강점기에 궁중 숙수들이 시중 요릿집으로 나가 일을 하게 되면서 자연스레 궁중의 연회 음식이 일반에 널리 알려지게 됐다. 궁중 생활문화 전승자들이 북촌 일대의 민간인들과 교류하면서 북촌이 떡을 비롯한 전통문화를 유지할 수 있는 데 일정한 영향을 미쳤다.

궁중에서 민가로 전파된 대표적인 떡은 두텁떡이다. 두텁떡은 18세기 후반에 후병(厚餠)이라는 이름으로 궁중의례에서 사용되던 떡이었다. 후병은 사대부로 전해짐에 따라 한글 그대로 읽어서 '두꺼운 떡'이란 의미의 두텁떡으로 자리 잡게 되었다.[13]

원서동 상궁에게 전통 떡을 배운 고이뻐

12 궁녀들이 소속돼 있던 궁내부는 이왕직이 왕실 업무를 관장하면서 폐지됐다. 그로 인해 1911년 1월 30일 대한제국 궁내부 소속 직원 326명 모두가 해직됐고, 2월 1일부터 고용직에 있던 340여 명도 해직됐다.(서영희, 「1894~1904년의 정치체제 변동과 궁내부」, 『한국사론』 23, 1990, 327-396쪽.)

13 김상보, 『우리음식문화 이야기』, 북마루지, 2013, 209쪽.

고이뻐는 일제강점기에 경기도 양주에서 태어났으며, 성인이 된 후 서울로 올라와서 창경궁 인근 원서동에 터를 잡았다. 그는 평소 부잣집 잔치가 있을 때면 음식을 하러 불려 다닐 정도로 음식 솜씨가 좋았다. 당시 원서동은 궁궐에서 나온 상궁이 많이 거주하던 곳이었다. 궁궐에서 나온 궁녀들은 창경궁 일대의 작은 한옥을 거주지로 정하고 정착했다. 그들은 창경궁 앞은 물론 지금의 원서공원과 국립현대미술관 서울관 뒤편 한옥촌에서 모여 살았다.[14]

상궁 할머니도 혼자 살던 쪼그만 집이 있어요.(원서동 86-16번지) 상궁 할머니가 돌아가시고 딴 사람들이 사서 집을 새로 지은 거죠. 저쪽 종묘 담 있는 데는 전에 내시 양반이 살았는데 나한테 머리 깎으러 오고 그랬어요. 근데 거기 담 밑에 있던 집이 헐리는 바람에 그 양반이 어디로 갔는지 모르는 거야.[15]

14 비원 옆 공원에 한옥들이 있었는데 그곳에 궁녀들이 살았어요. 그곳이 철거되면서 지금은 공원이 됐죠. 또 수도육군병원(국립현대미술관) 자리 뒤편 한옥과 비원 앞에도 궁녀들이 살았어요.(낙원시장 상신상회 사장, 2020. 8. 24. 조사.)

15 서울역사박물관, 『북촌 11가의 오래된 기억』, 2019, 371쪽, 원서이발소 김창원 구술.

원서동 한옥(1976)

(1966년에) 궁녀들이 비원 근처에서 사니까 아는 사람 소개로 만나 본 적도 있어요. 그렇게 아는 사람들을 통해서 만나면 보는 것도 어렵지 않았어요. 그래서 찾아가면 궁중음식을 대접해 주셨어요. 그 할머니는 궁에서 살다가 나와서 늦게 결혼한 다음 살림집을 차리고 살고 있었어요. (궁)밖 사람들과 달리 머리를 쪽지고, 아주 검소해 보였어요. 그리고 집을 깨끗이 하고 살아서 재래식 화장실의 나무가 마루 같았고, 한옥 마당에 있는 돌을 얼마나 깨끗하게 닦았는지 떡을 굴려도 먼지가 안 묻겠더라고요.

낙원시장 상신상회 사장, 2020. 8. 24. 조사.

이 때문에 고이뻐는 근처에 사는 상궁들에게서 떡을 배울 수 있었다. 궁중 떡을 익힌 고이뻐는 주문을 받아 집에서 조금씩 떡을 만들기 시작했다. 그리고 얼마 지나지 않아 본격적으로 떡 장사에 뛰어들게 됐다. 떡집을 차리진 않았지만 떡을 만들어 원서동에서 낙원동 인근에까지 행상을 시작한 것이다. 고이뻐는 '떡은 정성을 들인 만큼 맛을 낸다.'라는 생각으로 떡 장사를 했고, 이런 고집은 대를 이어 내려오고 있다.[16]

저희 집에서 고이뻐 할머니가 일제강점기 때부터 떡을 했다더라 하고 입으로 전해지고 있어요. 고이뻐 할머니가 상궁들에게 떡을 배웠다고 전해지는 것에 대해서는 조선이 망하면서 상궁들이나 기능직들이 익선동, 원서동에서 사신 것 때문에 이런 이야기가 있는 것 같아요.

김승모(남, 1971년생), 2020. 5. 8. 조사.

외증조할머니(고이뻐 할머니)에 대한 기억은 없어요. 외증조할머니 때는 낙원시장도 없었을 거예요. 제가 생각하기론 외증조할머니가 집에서 만든 떡을 가지고 나가 행상하면서 좌판 깔아 놓고 장사하신 것 같아요. 외증조할머니가 장사한 곳은 이 근처인데 장소가 변화해서 정확히 어딘진 모르겠어요. 장사하실 때도 일제강점기다 보니 언제부터 장사를 하셨는지도 모르겠어요.

김승모(남, 1971년생), 2020. 3. 16. 조사.

16 여성동아 161호, 1981. 2. 1., "여자 3대, 정성이 빚는 떡, 낙원떡집 이광순"

1-2 일제강점기 소개공지대의 형성과 낙원시장

1945년 조선총독부는 경운동에서 청계천(현 안국역~낙원상가~삼일빌딩)까지 너비 50m, 길이 약 60m의 소개공지대를 조성했다. 소개공지대란 공습에 의한 도시 피해를 최소화하기 위해 수목과 건물을 철거해서 만든 공지를 말한다.

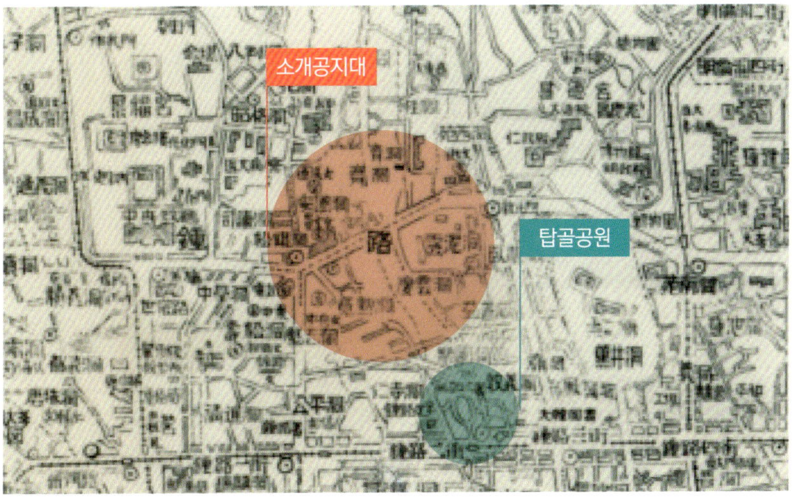

서울특별시가도(1940년대 후반)에 나타난 낙원동 일대 소개공지대

종묘 앞에서 필동(현 세운상가)과 경운동, 낙원동을 거쳐 종로에 이르는 소개공지대에는 광복 이후 무허가 판자촌이 형성됐다.[17] 소개공지대에 모여든 사람들은 광복 이전에 만주·일본 등지에 있던 전재동포(戰災同胞)와 월남민이었다. 이들은 마땅한 거주지를 얻지 못하고 낙원동에 있던 소개공지대에 무허가 판잣집을 짓고 정착했다. 낙원동 소개공지대에 모인 전재민과 월남민들은 판자촌을 형성하고 장사를 시작했다. 이것이 낙원시장의 시초다.

17 낙원동은 1923년 기준 588호(戶)였다. 그러나 1948년의 낙원동 가구는 669가구로 증가 추세를 보이고 있다.(서울특별시 종로구, 『종로구지 상권』, 1994, 537·538·578쪽.)

1950년 낙원동 판자촌
위 사진은 1950년대 낙원동 판자촌과 그 일대 모습이다. 사진에서 지금의 낙원상가 자리에는 판자촌이 빼곡하게 들어차 있다.

1 인사동길
2 삼일대로
3 수표로
4 낙원상가

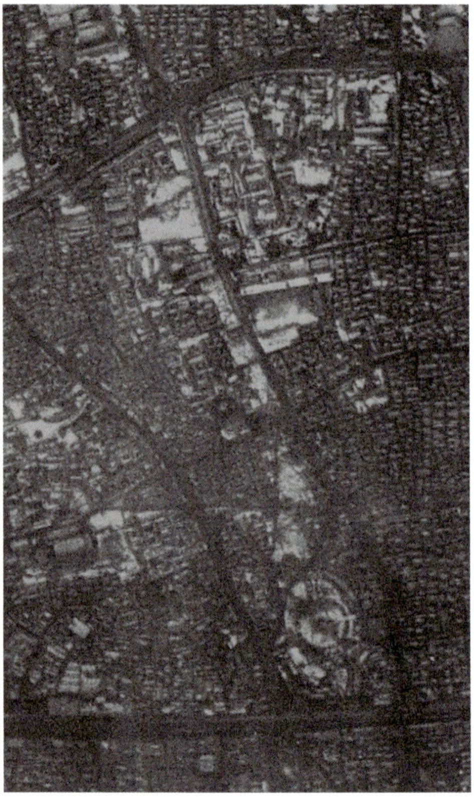

탑골공원과 소개공지대(1947)
국토지리정보원 제공

낙원시장 상인 100여 명은 1948년 3월 친목회를 조직하고[18] 같은 해 7월 낙원시장 조합을 결성해서 조합장 오태민을 필두로 자치 경영을 시작했다.[19] 낙원시장은 가회동, 삼청동, 원서동을 아우르는 북촌(北村)과 가장 가까운 시장이었다. 북촌이라는 배후 주거지를 기반으로 낙원시장은 번성해서 400여 개 점포에 소속 상인이 4,500여 명에 이르는 제법 규모 있는 시장으로 성장했다.

> 서울 낙원동 소개터에 있는 전재민 노점시장 낙원시장은 그간 부득이한 사정으로 일개인이 경영해 오던 바 이는 상인 상호 친목 취지에 어긋나는 일이라 하여 금후로는 상인 자신들이 자치로 경영하기로 돼 지난 칠일부터 자치 결성 준비위원회를 조직하고 준비에 노력해 오던 중 드디어 작 십이일 오후 두시 시내 견지동 시천교당에서 낙원시장 상인조합 결성식을 성대히 거행했다 한다.

경향신문, 1948. 7. 14., "낙원시장조합 결성대회 거행"

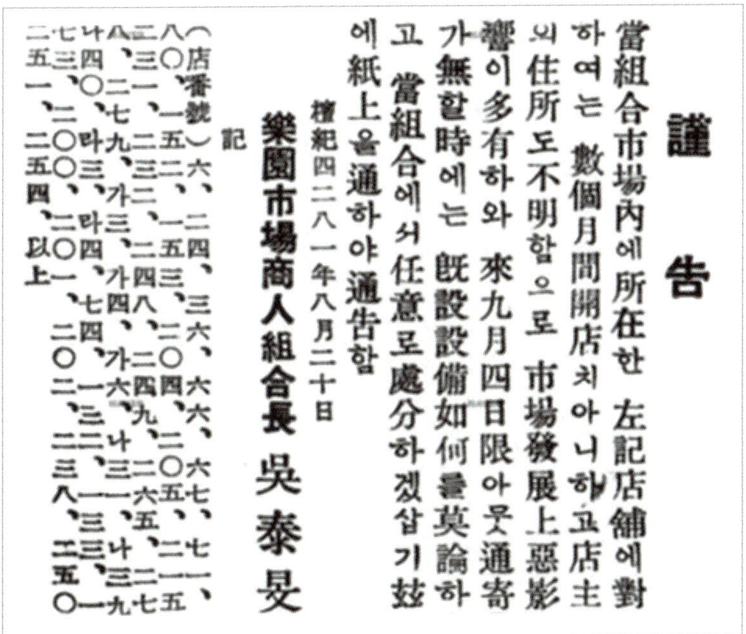
謹告

當組合市場內에所在한 左記店舖에對하여는 數個月間開店치아니하고店主의住所도不明함으로 市場發展上惡影響이多有하와 來九月四日限아못通寄가無할時에는 既設設備如何를莫論하고 當組合에서任意로處分하겟삽기玆에紙上을通하야通告함

檀紀四二八一年八月二十日

樂園市場商人組合長 吳泰旻

記

낙원시장상인조합장의 활동을 확인할 수 있는 신문 광고
경향신문, 1948. 8. 22., "謹告"

18 조선일보, 1948. 3. 6., "낙원시장 내 상인 친목회 결성"
19 경향신문, 1948. 7. 14., "낙원시장조합 결성대회거행"

종묘 담벼락 옆으로 난 서순라길의 모습(1967)
오른쪽에 높이 솟은 건물은 건설 중인 세운상가다.

한편 서울시는 1949년 2월 도시 미관과 위생 문제를 해결하기 위해 무허가 시장 철거를 계획했다.[20] 그리고 같은 해 10월부터 서울 시내 무허가 시장 철거 작업에 착수했다. 낙원시장은 동관, 성동, 신당동, 혜화동에 분산 이주할 예정이었다.[21] 그럼에도 낙원시장은 자본금 5,000만 원의 낙원시장주식회사를 창립하고 정식 시장으로 신축할 준비를 하고 있었다.[22] 서울시와 낙원시장 상인들의 상반된 계획은 뒤이은 6·25전쟁 발발로 모두 중단됐다.

> 시내 낙원동에 있는 낙원시장은 해방 후 전이재세궁민의 집결 시장으로서 고객의 환영을 받아 대번창을 이루고 있거니와 동 시장 상인 사천오백여 명은 과거 2년 동안이나 소위 '하꼬방' 속에 칩거해 그날그날의 생활비를 얻어 근근이 생계를 유지하고 있던 바 지난 1일 인사동 고려청년회관에서 임시대회를 열고 총 자본금 오천만원의 낙원시장주식회사를 창립해 정식시장으로 신건축을 실현키로 만장일치로 결의하고 방금 추진에 맹활동 중이라 한다.

경향신문, 1949. 8. 7., "재민시장 확장"

6·25전쟁 이후 서울시는 무허가 건물을 철거하고 남대문시장과 동대문시장을 정비했다. 철거 대상이던 낙원시장은 기존의 노점 시장을 1954년 근대식으로 개축하고 허가 기한을 연장했다. 낙원시장은 1967년 낙원상가가 건설되기까지 존속했다.

(1960년대) 시장 내 불은 연탄불을 썼고, 공동수도가 있었어요. 화장실은 탑골공원 뒤에 공동변소가 있었어요. 가게는 양쪽에 하꼬방 식으로 돼 있었고, 복도가 두 개 있었는데 그 사이에 노점도 있었어요. 그리고 비 올 때 장사할 수 있도록 시장에 지붕이 있었어요.

윤청자(여, 1938년생), 2020. 6. 23. 조사.

20 경향신문, 1949. 2. 29., "시내 수십 개 처의 무허가시장 철거"
21 조선일보, 1949. 9. 1., "무허가 시장 일소 허가 시장에 통합"
22 경향신문, 1949. 8. 7., "재민시장 확장"

(1965년) 시장 천장에 지붕이 있었는데 빗물이 샜어요. 그리고 야간에도 장사하기 위해 불도 들어왔어요. 당시는 먹고살기 어렵다 보니 시장이 깨끗하지 않았어요. 가운데 노점상 양쪽으론 복도가 있었어요. 시장 안에 상점들은 다 가판이지만 제 기억으로 물은 모두 수돗물을 썼어요. 떡집, 생선장사 같은 곳은 물이 필요하니까 물이 들어왔어요.

낙원시장 상신상회 사장, 2020. 8. 24. 조사.

낙원시장 김장시장(1956)
조선일보, 1956. 11. 12., "제철 맞은 무 배추"

낙원시장의 주요 고객은 북촌과 낙원동 인근 고급 요릿집으로, 일대의 생필품과 식재료 공급처였다. 또 인근에 위치한 학교가 많아 학생 손님도 많았다. 시장에서 취급하는 품목은 고기, 채소, 쌀, 연탄, 반찬, 젓갈, 생선, 튀김, 포목, 기름, 떡, 수제 어묵 등으로 다양했다.

낙원재래시장은 부자들이 많이 왔던 시장이었어요. 그래서 가회동, 계동, 원서동에서 장을 보러 왔어요. 그 당시 가회동, 계동, 삼청동 순으로 부자였던 것 같고, 원서동은 조금 가난했던 것 같아요. 그래서 부자들은 자가용 타고 다니고 가난한 사람들은 걸어서 다녔어요. 그리고 낙원동 주변에 요정이 많았어요.

오후 2~3시쯤에 여자들이 전부 한복 입고 오진암으로 들어가길래 뭐하나 했는데 나중에 요정인 것을 알았어요. 그곳에서 손님이 많이 왔고, 학교가 많아서 경기, 휘문, 덕성여중·고, 중앙 고등학교 학생들이 많이 왔어요.

(1960년대) 낙원시장은 소매시장 정도였어요. 대량으로 많이 사려면 동대문시장이었어요. 남대문, 동대문에는 사람이 많고 벅적하니까 부자들이 낙원시장을 많이 이용했어요. 고기나 채소가 좋으니까 일하는 사람들을 데리고 와서 장을 봤어요. 시장에서는 생필품을 주로 팔았어요. 옛날에는 반찬, 젓갈, 생선, 튀김, 쌀, 채소, 포목집, 기름집이 있었어요. 특히 포목집이 많이 있었어요. 그리고 고급 채소, 생선을 팔았어요. 일찍 팔고 빨리 문 닫았어요. 당시 얼음이 귀하니까 아침에 빨리 생선을 내놓고 일찍 끝냈어요. 덴뿌라(어묵)를 직접 만들어서 팔았는데 국물이 따뜻하니까 사람들이 지나가며 사 먹었어요. 그래서 시장 손님들이 한 손에는 쌀을 봉지에 넣어서 들고, 한 손에는 연탄을 들고 집으로 갔어요.

낙원시장 상신상회 사장, 2020. 8. 24. 조사.

낙원시장 외부(1967)

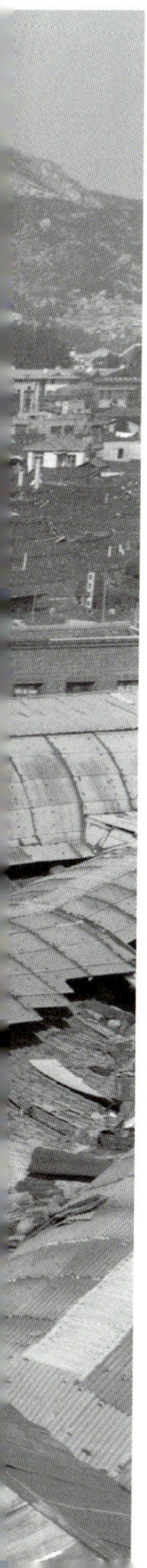

가운데 돔을 기준으로 ＋ 자로 지붕을 덮은 낙원시장(1967)
왼쪽 사진에 표시한 곳이 옛 낙원시장에서의 낙원떡집 위치이다.
사진 중앙에 문화방송 인사동 사옥과 멀리 인왕산·북악산이 보인다.
국가기록원 제공

낙원시장(1967) 연합뉴스 제공

닭표
맛나니
닭표간장
TEL.74-0946

2-1 떡집에서 일생을 보낸 김인동

2-2 낙원동 떡전거리의 형성

2-3 낙원상가 개발과 낙원동 떡전거리의 재편

2-4 낙원동 272번지에서의 낙원떡집

2

낙원동 떡전거리 터줏대감 : 2代 김인동

김인동 50세 생일 기념 사진(1973)

2-1 떡집에서 일생을 보낸 김인동

김인동은 1924년 고이뻐의 4녀로 태어나 평생을 떡과 함께 보냈다. 6·25전쟁 당시 어머니인 고이뻐와 딸 이광순과 함께 충청도로 피란 가는 도중에도 떡을 팔며 생계를 꾸려 간 이야기는 낙원떡집의 유명한 일화다.

> 20여 년 전 할머님이 돌아가시자 어머님이 이어받아 아들, 딸들을 위해, 한편으로는 고객들에게 고유한 떡 맛을 잃지 않고 전해 드리기 위해 오직 '떡 일'만을 하셨다. 어머니의 일생을 한마디로 요약한다면 떡집에서 태어나 떡집에서 일생을 보내셨다고 할 수 있다.

여성동아 161호, 1981. 2. 1., "여자 3대, 정성이 빚는 떡, 낙원떡집 이광순"

어렸을 때 피란 가면서 떡 만들던 기억도 있어요. 어떻게 방아를 빻아 만들었는지 모르겠지만 밤새도록 떡을 만들어서 파셨어요. 그때 인절미를 만들었는데 작게 재단해서 파는 게 아니라 지금 파는 떡 한 팩 크기로 크게 만들어서 콩고물 묻혀 팔았어요. 어떻게 했는지 모르겠지만 피란길에 시골집 들어가서, 돌절구 같은 거는 다 있으니까 빌려서 하신 것 같아요. 당시 기억나는 일화로 밤에 떡을 하는데 좋은 떡은 팔아야 하니까 안 주시고 안 좋은 떡만 먹은 기억이 있어요.

이광순(여, 1944년생), 2020. 3. 30. 조사.

전쟁이 잦아들고 다시 서울로 돌아온 김인동은 생활고를 겪다 어머니의 권유로 1956년 낙원시장에 낙원떡집을 차렸다. 당시 낙원시장에서는 김인동의 자매 4명도 가정을 꾸리고 각자 다른 떡집을 운영하고 있었다.

엄마가 가게를 언제 차렸는지는 기억도 안 나요. 제가 기억하는 건 초등학교 6학년 즈음에 이모들이 여기서 떡집 하니까 엄마가 따라 한 것 같아요. 제 기억으로 고등학교 졸업하고 낙원동으로 다시 오니 이미 낙원시장에 이모들이 떡집을 하고 있었어요. 그래서 낙원시장에 우리 이모만 네 집이고, 지금 막내 이모가 차린 종로떡집하고 우리 집만 남아 있는 거예요.

이광순(여, 1944년생), 2020. 4. 29. 조사.

종로떡집

1961년 고이뻐가 사망하면서 김인동은 어머니의 떡 맛을 이어받아 낙원동 272번지 골목 안에서 떡집을 차린 뒤 장사를 계속했다. 이전한 낙원동 272번지는 당시 낙원시장 권역에 속한 지역이었다. 낙원떡집이 있던 골목길은 현재 '오라카이 인사동 스위츠'가 들어서면서 여러 필지를 합쳐 하나의 토지로 개발됨에 따라 그 위치를 특정할 수 없다.

골목길 안쪽에 자리 잡고 있던 낙원떡집은 10평 남짓한 규모에다 내부가 좁아서 연탄이나 짐을 가게 밖 인도에 놓고 사용했다. 건물 외관은 판잣집과 다름없이 허름했다. 그리고 나무 떡판 위에 비닐을 깔고 송편, 개피떡, 절편 같은 기름떡을 부은 뒤 비닐로 덮어 놨다가 손님이 오면 비닐을 거두고 떡을 담아 판매했다.

가족과 함께 송편을 빚고 있는 김인동(가운데)
동아일보, 1979.10. 4., "일하는 사람들 떡집 아줌마"

오라카이(인사동 스위츠) 부지에 골목이 있었어요. 그곳에 장모님 떡집이 있었는데 아내와 결혼하기 전인 1967년에 인사차 가 봤어요. 그때 낙원상가도 공사하고 있을 때예요. 그때 기억으론 10평 남짓한 가게인데 가게가 좁아서 연탄 같은 것도 전부 인도에 내놨어요. 건물 외관은 판잣집이나 다름없었는데 옛날에는 먹고살기 어렵다 보니 그렇게 한 것 같아요. 당시 나무 떡판이 밖에 나와 있었는데 나무 떡판에 비닐을 깔고 송편, 바람떡, 절편 같은 기름떡을 부어 놓고 다시 그 위에 비닐을 덮어 놨어요. 그러다 손님이 오면 비닐을 거둬서 주문한 대로 집어 줬어요.

김정귀(남, 1943년생), 2020. 8. 31. 조사.

생계를 위해 떡집을 운영한 김인동의 가족에 대한 사랑과 교육열은 남달랐다. 새벽부터 밤늦게까지 떡을 팔아 자식들을 교육시켜서 서울대학교와 연세대학교에 보냈다. 한편 맏이로서 취업전선에 일찍 뛰어든 이광순에게 김인동 본인은 억척스럽게 일하면서도 여자가 너무 일만 하면 안 된다고 곱게 자라기를 항상 당부했다.

아들이 하교하면, 당시 유행하던 플라스틱 신발을 신으면 소리가 나니까 식구들에게 고무신을 신게 하고, 물소리 날까 봐 물도 안 트셨어요. 아들이 서울대 갔을 때 너무 좋아서 붕붕 떠서 다녔다고 해요. 그렇게 아들만 챙기시는 것 같아도 당신을 그렇게 고생하시면서 저한테는 여자는 너무 일만 하면 일만 하게 된다며 곱게 크라고 말씀하시던 기억이 있어요.

이광순(여, 1944년생), 2020. 3. 30. 조사.

김인동은 넉넉한 형편은 아니었지만 인심이 좋아서 주변을 잘 챙겼다. 종로에 학원을 다니는 학생들에게는 떡 일을 돕게 하고 학원비를 마련할 수 있게 해 주었다. 또 생활이 어려운 이웃들은 거두어서 먹이고, 재웠다. 그리고 낙원동에서 떡집 하던 자매들이 세상을 먼저 떠남에 따라 조카들의 생계가 어려워지자 조카들에게 일자리를 마련해 주는 등 돌보았다.

어머니가 인심도 좋으셔서 오는 거지 한 명도 그냥 안 보내셨어요. 밥이나 떡을 먹여 보내며 '저 사람이 오죽하면 나한테 왔겠나' 하면서 베푸셨어요. 어머니가 장사하던 시절에 종로 쪽에 다니는 학생들이 학원비 받는 조건으로 떡집에서 일했대요. 그래서 어머니가 그 학생들을 먹이고 재웠대요. 그때도 어머니가 매몰차게 하지 않고 애들 데리고 있으면서 돈도 다 주고, 떡이랑 밥 싸 주고 그랬어요.

이광순(여, 1944년생), 2020. 3. 30. 조사.

할머니가 조카들을 데려다가 트럭 운전도 시키고 그랬어요. 그분들 어머니랑 아버지가 일찍 돌아가셔서 할머니가 동생 식구들을 챙겨 주신 거였어요.

김승모(남, 1971년생), 2020. 6. 6. 조사.

김인동은 1970년대 후반에 미국 로스앤젤레스(LA) 이민을 결심하고 아들 가족과 함께 1980년에 미국으로 이민 갔다. LA에서도 낙원떡집을 차려 운영한 김인동은 2000년대까지 한국을 왕래하다가 2017년에 신장암으로 사망했다.

어머니가 LA로 이민 가셔서 남동생이랑 떡집을 차렸어요. 근데 미국에 떡 장사가 한국 같지 않으니까 된장, 고추장, 김치, 식혜도 만들어서 팔더라고요. 어머니는 돌아가셨지만 아직도 LA에서 떡집 하는 걸로 알고 있어요. 거기도 한 40년은 됐어요. 거기는 재료가 싸다 보니까 재료 교류는 안 하는데 미국에서는 떡 기계 같은 게 안 나오니까 소개해 주는 정도예요.

이광순(여, 1944년생), 2020. 3. 30. 조사.

어머니가 돌아가시기 전까지 정정하셔서 1980년대 초반부터 2000년대까지 한국과 미국을 왕래하셨어요. 한국에 오시면 우리 집에서 한 달이나 두 달쯤 머물러 지내시면서 제주도도 놀러 가시고, 고향에 오신 김에 친척과 친구들을 만나셨어요.

이광순(여, 1944년생), 2020. 4. 29. 조사.

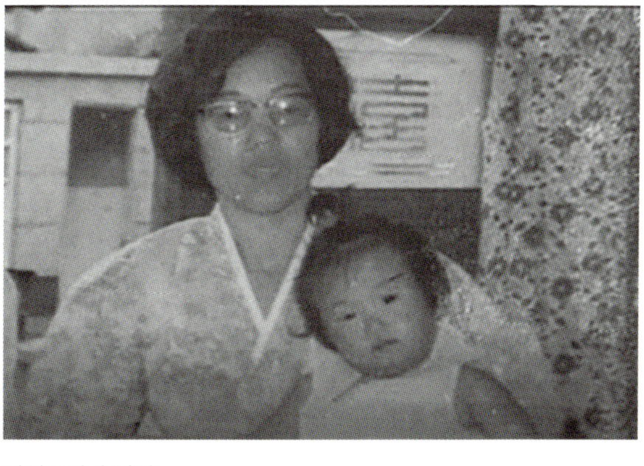

김인동과 손녀딸

2-2 낙원동 떡전거리의 형성

김인동이 낙원떡집을 운영하던 시기에 낙원시장 떡집들은 간판이 따로 없었다. 떡집 이름은 주인이 직접 짓거나 손님들이 부르는 대로 붙여졌다. 당시 시장에는 16개의 떡집이 한데 모여 있어서 그렇게 낙원동 떡전거리가 형성됐다.

당시(낙원시장에) 떡집들은 간판도 따로 없었어요. 세금도 따로 내지 않았어요. 그냥 김씨면 '김 씨네 떡집' 이런 식으로 자기네 짓고 싶은 대로(떡집 이름을) 지어서 장사했어요. 장사도 그냥 죽 떡판에 떡만 내놓고 팔았어요. 우리 집도 마찬가지로 낙원떡집이라고 불렀고요. 옛날에는 떡집들이 16집 정도 있었어요. 주인아줌마가 안경 썼다고 안경 쓴 떡집, 개똥이네 떡집, 종로떡집, 민속떡집, 서울떡집, 제일떡집, 평양에서 왔다고 평양떡집, 할머니가 수유리 산다고 수유리 떡집 등. 당시 떡집들이 다 비슷하게 모여서 장사했어요.

이광순(여, 1944년생), 2020. 3. 30. 조사.

제가 인천에서 살다가 1965년도 즈음에 북촌 부근으로 시집을 왔어요. 제가 낙원재래시장에서 장사를 시작한 1967년 그 전부터도 이미 낙원동은 떡으로 유명했어요. 나도 그 모습이 신기해서 떡 치는 것도 많이 구경했어요. 당시 낙원떡집도 있었지만 간판 없는 떡집이 많았어요. 가판에 그냥 떡을 놓고 팔았어요. 엄마(김인동)가 낙원떡집을 운영할 때 떡을 사 먹어 봤는데 전부 손으로 했어요. 당시는 인절미랑 꽃떡을 사 먹었어요. 주로 학생들이 손님으로 많이 왔어요. 떡이 비싼 건 아닌데 싼 음식도 아니었어요. 그래도 학생들이 오며 가며 많이 사 먹었어요.

낙원시장 상신상회 사장, 2020. 8. 24. 조사.

1960년대 전후 낙원동에 떡전거리가 형성된 데에는 우리나라의 사회·경제적 배경이 뒷받침됐다. 광복 후 1945년 10월 15일 자유시장 경제 체제를 따르던 미군정이 일제강점기의 식량통제제도를 폐지하고 쌀을 자유롭게 사고팔 수 있다고 공표하면서 시장에 쌀과 물자가 쏟아져 나왔다. 그러나 쌀의 공급이 수요보다 부족한 탓에 얼마 지나지 않아 쌀은 시장에서 자취를 감췄다.[23] 서울의 식량난이 심화하자 미군정은 1946년 4월 미군정법령 제77호 서울시의 특별 미곡령을 공포했다. 그것은 서울시 내 미곡 부족을 완화하려는 조치였다. 서울 시민들은 미군정이 고시하는 가격에 따라 정해진 양을 식량 배급소에서 사야만 했다. 당시 미곡 부족에 따른 제재 조치는 떡 산업에도 영향을 미쳤다.

> 농림부에서는 당도한 연말연시를 계기로 하여 일반 국민이 이로 하여금 양곡 매입 정책의 원활한 촉진을 꾀하고 긴박한 국내 식량 사정을 완화하기 위해 오는 29일부터 일주일간 양곡 소비 절약 강조 주간을 실시하게 됐으니 일반 국민은 특별히 소기의 목적을 달성하도록 협력해 주기를 바라고 있다. 이에 소비되는 경비는 1군(郡)당 5만 원씩 보조키로 돼 있으며 소비 절약 강조 항목은 다음과 같다.
> 가. 밀주 금지 운동
> 나. 엿, 떡 기타 백미를 원료로 하는 물품의 제조급 판매 금지 운동
> 다. 식당, 여관, 요정 기타 음식점의 백반, 백병 금지 운동
> 라. 일반 가정의 혼식급대용식 여행운동
> 마. 유령인구 적발

동아일보, 1948.12.25., "절미주간 실시"

쌀 배급

23 김점숙·오유석, 『3권 대한민국 수도 서울의 출발(1945~1961)』, 서울특별시사편찬위원회, 2004, 41쪽.

정부는 쌀이 주원료가 되는 떡의 제조 및 판매를 금지했다. 이와 함께 이중과세(二重過歲) 금지 운동이 일었다. 설날을 폐지하고 신정에만 명절을 보내자는 것이 주요 내용이었다. 이유는 물자와 시간을 낭비하지 말자는 것이었다.[24] 이러한 상황은 6·25전쟁 이후 인구 증가와 식량난으로 더욱 심화됐다. 하지만 식량난과 이중과세 철폐 운동에도 설날에 떡을 사거나 해 먹는 풍습은 그치지 않았다. 설날을 앞둔 방앗간은 감시를 피해 전기를 훔쳐 쓰면서 떡을 제조했고,[25] 설날이 되면 쌀값이 폭등했다. 이러한 상황은 1950년대 후반까지 지속됐다. 이후 1961년 2월에 체결된 『한미경제원조협정』의 영향으로 보리를 비롯한 잡곡류가 미국에서 들어오게 돼 1940~1950년대 떡 제조를 엄금하던 분위기는 완화됐다.

24 경향신문, 1947. 12. 25., "청산하라, 이중과세"
25 경향신문, 1952. 1. 27., "방아깐 도전단속"

2-3 낙원상가 개발과 낙원동 떡전거리의 재편

낙원시장 해체와 낙원상가 개발

1966년 김현옥이 서울시장에 취임하면서 낙원시장은 낙원상가 건설과 함께 해체됐다. 김현옥은 서울시장으로 부임하고 나서 이듬해인 1967년을 '돌진의 해'로 정하고 총 158억 2,000만 원을 투입해 1,740여 가지의 크고 작은 사업을 추진했다. 그 사업 가운데 하나가 낙원시장과 파고다공원 개발이었다.[26] 서울시는 무질서하게 흩어져 있는 낙원시장을 정비하고 현대식 시장을 세우고자 했다.

파고다 아케이드와 낙원시장(1967)
국가기록원 제공

26 서울특별시, 『서울역사총서 1권 서울행정사』, 1997, 409·411쪽.

재개발이 확정되자 낙원시장 개설 허가도 1966년 말로 만료됐다. 이에 종로구는 도시계획에 의거해 1967년 9월 자진 철거를 명령하고, 같은 해 10월 26일 낙원상가 기공식을 했다. 서울시는 낙원상가 기공 직전 낙원시장에 남아 있는 409가구를 철거하고 165가구를 노원구 상계동으로 이주시켰다.

김현옥 씨가 서울시장을 할 때인 1967년 9월에 철거했어요. 그때 삼일대로도 함께 공사했어요. 철거하기 전에 우리 가게 앞에 있는 기둥이 시장으로 들어가는 입구였는데 구청에서 한 10여 명이 왔어요. 제가 당시 낙원시장 조합 상무였는데 들어오지 말라고 엄포를 놓는 한편 우리가 자진 철거를 할 테니 물러가라고 해서 구청 직원들이 물러갔어요. 직원들이 물러간 이후 자진 철거를 했는데 낙원시장 사람들이 갈 데가 없잖아요. 그때 철거민들이 내 사인 받으면 상계동 땅 10평씩을 받고 하꼬방 생활을 했어요. 당시 나도 20평 정도는 받을 수 있었는데 이 근처에서 다시 장사를 시작하게 됐죠.

전낙봉(남, 1926년생), 2020. 6. 23. 조사.

낙원상가 일대 모습(1968)

낙원시장자진철거 상인에게 알리는 말씀

1. [illegible]

2. 선정방법

구분	점포수	자진철거 상인입주[illegible]	비고
지하층	195개	98개	
2층	400개	222개	
계	595개	320개	

3. 주의사항

4. 접수처

1968년5월1일

서울특별시장

낙원시장 자진철거 상인에게 낙원슈퍼마켓 지하층 점포 입점 신청을 권고하는 광고
조선일보, 1968. 5. 2., “낙원시장 자진철거 상인에게 알리는 말씀”

낙원 슈퍼마켓 및 아파트 기공식(1967)

락원지업사

철거 중인 낙원시장(1967)
국가기록원 제공

낙원슈퍼 공사 현장(1968)

서울시는 1966년 11월 충무로2가에서 중앙극장~안국동 로터리 구간에 해당하는 삼일로(三一路)를 개통했다. 이어 1967년 10월 26일 낙원상가가 착공돼 1968년 9월 15일 사용 승인을 받고 1970년 12월 12일 완공됐다. 낙원상가는 낙원시장이 위치한 국공유지 1,429평을 포함한 3,022평에 지상 건평 2,000평, 연건평 1만 4,896평 규모로 건설됐다. 지하 1층~지상 15층의 높이 58.8m, 수용 인원 1만여 명 규모였다. 지하층 식품센터, 1층 도로 및 주차장, 2~3층 상가, 4층 사무실 및 극장, 5층 사무실, 6~15층은 아파트로 150가구를 수용할 수 있는 현대식 주상복합 아파트였다.[27]

1 소개공지대 및 삼일대로 표시 없음(지번구획입경성정도, 1946)
2 소개공지대 및 삼일대로 표시 없음(지번구획입경성정도, 1946)
3 삼일대로 위치에 '시장'이라고 표기됨(지번 입서울특별시가지도, 1958)
4 삼일대로 및 수표로 동일, 1968년 낙원시장의 건설로 '시장' 표기 없어짐(최신서울특별시가도지번입, 1968)

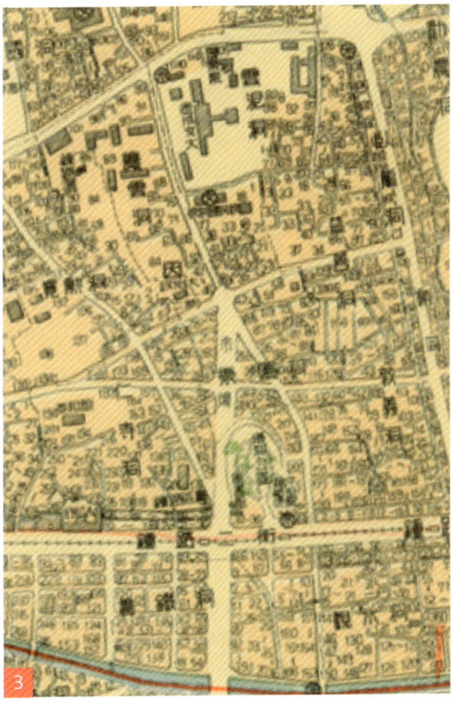

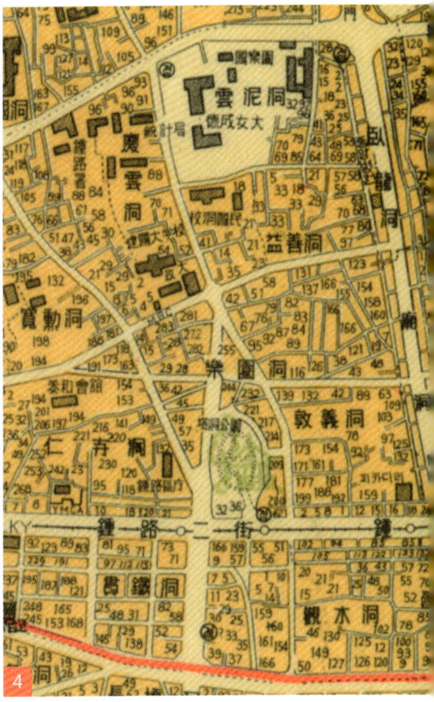

27 매일경제신문, 1969. 6. 14., "변모하는 재벌등기(60) 낙원상가 아파트"

낙원시장 위치에 건설된 낙원상가(1982)

낙원동 떡전거리의 재편

낙원상가 준공 이후 낙원동 상권은 파고다아케이드, 낙원상가 지하로 편입된 낙원시장, 지금의 낙원동 272번지로 나뉘었다. 이 가운데 낙원동 272번지는 기존 낙원시장에 위치해 있던 떡집들이 새로 터를 잡은 장소였다.

옛날에는 지금 길가(삼일대로)에 있는 화단에 전부 하꼬방 가게가 있었어요. 그냥 가게로 할 만한 게 있으면 좌판 내놓고 장사했어요. 오라카이 인사동 스위츠를 지은 곳에는 한옥들이었어요. 근데 낙원시장이 있을 때는 살림집이었는데 낙원시장 철거 후에는 가게들이 다 이쪽(오라카이 인사동 스위츠)으로 넘어왔어요.

윤청자(여, 1938년생), 2020. 6. 17. 조사.

1968년에 낙원상가가 지어지니까 다 뿔뿔이 흩어졌어요. 그때 떡집들이 없어지고 후암동, 상도동 같은 다른 지역으로 갔어요. 우리도 요 바로 옆(낙원동 272번지 모퉁이)으로 나와 있었어요. 그리고 낙원상가가 지어지니까 지하에 떡집들이 몇 있었어요.

이광순(여, 1944년생), 2020. 3. 30. 조사.

낙원시장 철거로 낙원떡집을 비롯한 낙원동의 떡집들은 지금의 낙원동 272번지 일대로 이동했다. 이곳은 인사동이나 낙원상가에서 장사하는 사람들이 거주하는 한옥이 모여 있는 곳이었다. 하지만 떡전거리는 물론 쌀 가게, 건어물 가게들이 생기면서 가정집이 점차 상가로 변모해 갔다. 당시 떡전거리에는 낙원떡집 외에 안경 쓴 떡집, 종로떡집, 평양떡집, 제일떡집 등 아홉 집이 있었다.

오라카이(인사동 스위츠)에는 다 한옥이었어요. 그냥 살림집들이 있었는데 인사동에서 장사하는 사람들이 살았어요. 낙원상가에서 장사하는 사람도 6~7명이 그곳에 집을 지어서 살기도 했어요. 그리고 먹자골목이 있어서 보리밥집, 순대국밥집 같은 식당이 있었어요. 도로는 울퉁불퉁한 박석으로 돼 있었어요.

낙원시장 상신상회 사장, 2020. 8. 24. 조사.

오라카이 인사동 스위츠를 짓기 전에는 순댓국, 떡골목, 쌀 가게, 건어물 가게 다 있었는데 빌딩 지으니까 전부 다 철거됐어요. 당시 떡집으로 안경 쓴 떡집, 제일떡집, 낙원떡집, 종로떡집, 평양떡집이 있었어요. 지상이랑 낙원상가 지하 합하면 아홉 집까지 있었던 것 같아요. 그러다가 오라카이 지으면서 전부 다 철거돼 많이 없어졌어요. 그러다가 하나하나 없어지더니 지금 종로떡집하고 낙원떡집이 있는 거죠.

윤청자(여, 1938년생), 2020. 6. 16. 조사.

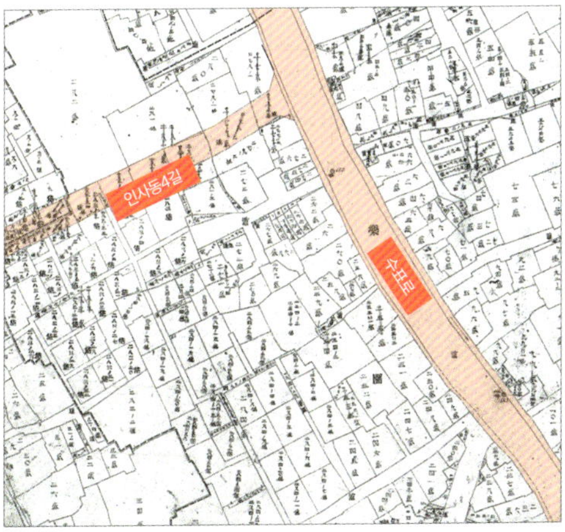

삼일대로 개통 전 낙원동 272번지 일대
인사동4길 조성과 인근 대지 분할
폐쇄지적도, 종로구청, 시기 미상

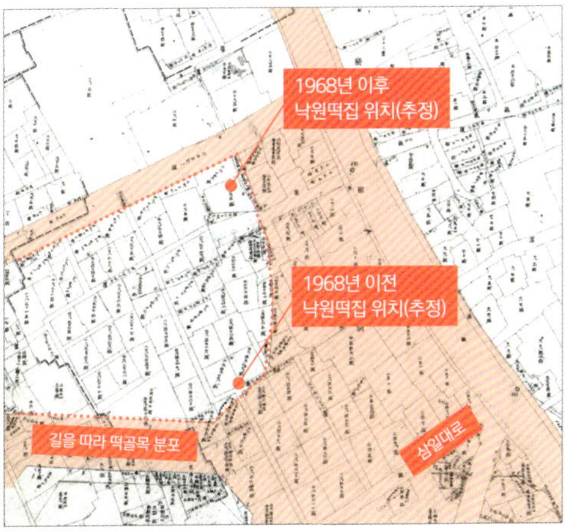

삼일대로 개통과 낙원동 272번지 일대 떡 골목
폐쇄지적도, 종로구청, 1967

낙원동 떡전거리(1985)
현재 오라카이 인사동 스위츠에서 종로 방향으로 삼일대로에 면한 길가에 떡집이 즐비했다.

2-4 낙원동 272번지에서의 낙원떡집

낙원시장에서 낙원동 272번지로 이전

1961년부터 삼일대로에 면한 낙원동 272번지 하부 모서리에 자리해 있던 낙원떡집은 낙원상가 일대 개발이 확장됨에 따라 1968년에 272번지 우측 상부 모서리로 다시 한 번 자리를 옮기게 됐다. 지금의 인사동4길과 삼일대로 모서리에 위치한 낙원떡집은 점포가 ㄱ자 모양을 하고 있어 어느 방향에서든 잘 보이는 좋은 자리였다.

낙원시장이 철거되고 우리 가게(옛날집 낙원아구찜) 길 건너로 낙원떡집이 들어왔어요. 지금 보이는 기둥 자리가 낙원떡집 옛날 자리예요. 이곳에 낙원떡집이 있을 때 낙원떡집 가게도 조그마했는데 하두(코너)에서 장사했어요. 여기서 보면 가게가 ㄱ자로 돼 있었어요. 그래서 손님들이 앞에서도 다니고 옆에서도 다니니 가게 자리가 좋았어요.

윤청자(여, 1938년생), 2020. 6. 16. 조사.

당시 낙원떡집은 지금보다 소규모였다. 직원은 2~3명이었다. 떡 종류도 지금처럼 많지 않았다. 당시는 약식, 인절미, 개피떡, 송편, 시루떡, 경단을 만들어서 팔았다.

외할머니(김인동)가 장사하실 때 직원도 2~3명이었고, 지금 같이 크지 않았어요. 할아버지가 배달하신 기억이 있어요. 당시 떡들은 약식, 인절미, 개피, 송편, 시루떡 정도에다 주문으로 만드는 경단 정도였어요. 지금처럼 떡의 종류가 많지 않았어요.

김승모(남, 1971년생), 2020. 5. 8. 조사.

당시에는 떡을 지금처럼 포장해서 판매하지 않았다. 덩이 진 떡을 가판에 놓고 손님이 원하는 떡의 무게를 달아 그 자리에서 썰어 줬다. 손님은 구입한 떡을 비닐봉지나 누런 종이봉투에 담아 가져갔다.

옛날에는 포장해서 팔지 않고 그냥 떡 해서 가판에 놓고 팔았어요. 그래서 인절미 같은 떡 썰어 달라고 하면 썰어 주고 그랬어요. 포장지도 그냥 봉투에 넣어주고 그랬어요. 비닐도 없을 때는 쌀 사러 가면 주는 누런 봉투에다가 넣어줬어요.

윤청자(여, 1938년생), 2020. 6. 16. 조사.

1968년에 이전한 낙원떡집 옛 자리(현 낙원동 272번지)

Orakai SUITES
HOTEL
실버영화관
I-SEOUL-U
서울생활문화센터
낙원
SEOUL COMMUNITY CULTURAL CENTER NAKWON

낙원상가 일대

3

낙원동 떡집 일번지 :
3代 이광순

직장 다니는 것처럼 아침 10시쯤 갔다가 저녁 8시쯤에 퇴근하면서 떡 일을 배웠어요. 어렸을 때부터 떡을 보고 살아서 익숙했지만 그때서야 무지개떡, 갖은편, 백설기, 송편, 개피떡, 경단을 배웠어요. 그러고 나서 1980년에 어머니가 미국으로 가시면서 우리가 낙원떡집을 인수했어요.

이광순(여, 1944년생), 2020. 3. 30. 조사.

3-1 떡집의 대명사가 된 낙원떡집

낙원동 떡전거리의 맏언니 이광순

이광순은 1944년 서울 동대문구 묵동 10번지에서 태어났다. 일곱 살 때 6·25전쟁으로 외할머니 고이뻐, 어머니 김인동과 함께 충청도로 피란갔다가 돌아왔다. 전쟁이 끝나고 서울로 돌아와 어머니가 떡집을 차리면서 결혼 전까지 떡집이 바쁠 땐 어머니와 함께 떡을 만들었다. 그 후 고등학교를 졸업하고 한독약품에 취직한 후 지금의 남편인 김정귀를 만났다.

고등학교 졸업하고 한독약품이라는 제약 공장에 다녔어요. 한독약품에 6년 10개월 다녔고, 25살에 결혼했는데 결혼 이후에도 다닌 것 같아요. 중·고등학교 때부터 떡을 배웠는데 떡 배울 때는 정말 하기 싫었어요. 놀고 싶은데 집에 주문이 많으면 어쩔 수 없이 떡 만드는 일을 해야 했어요. 그러다가 결혼하고 나서 떡 일은 안 했어요.

이광순(여, 1944년생), 2020. 3. 30. 조사.

이광순의 남편 김정귀는 1943년에 중국에서 태어나 광복되기 직전에 한국으로 들어와 서울 중구청 근방에 자리 잡았다. 그곳에서 초·중·고등학교를 졸업하고 회사 생활을 하던 중 1965년에 이광순을 소개받았다. 이후 두 사람은 3년간의 연애 끝에 결혼하게 됐다.

나는 1943년 4월 3일 중국에서 태어났어요. 만주에서 태어났는데 아버지가 중국 가셔서 사업을 크게 했어요. 그러다 광복되기 얼마 전에 나왔어요. 한국으로요. 그래서 나는 호적에 출생지가 중국으로 돼 있어요. 이후 서울 중구청 앞에서 살 때 아버지가 당시 몇 없는 기술자여서 미8군에 책임자로 계시다가 사업을 했어요. 저는 서울에서 영희초등학교, 한양중·고등학교를 졸업하고 국제전기라는 변압기 회사에서 13년간 근무했어요. 1965년쯤에 회사 사람이 아내를 소개해 줘서 2~3년 연애하다가 결혼했어요.

김정귀(남, 1943년생), 2020. 9. 16. 조사.

이광순은 김정귀와 결혼한 후 한때 생활고로 인해 낙원상가 지하에 떡집을 차리기도 했지만 1971년에 김승모를 낳고 1974년에 막내딸을 낳으면서 떡 일을 접고 다시 육아에 전념했다. 그러나 1970년대 후반에 어머니의 미국 이민행이 결정되면서 1978년부터 낙원떡집에 출근해 떡 일을 배우게 됐다. 당시 이광순의 집안 형편이 넉넉지 못해서 김인동이 가게를 처분하지 않고 이광순에게 장사를 권유한 것이다.

젊어서부터 솜씨가 메주였어요. 할 줄 아는 게 없었지. 그래도 성실은 해서 그저 시키는 일은 곧이곧대로 잘했지요. 떡 만드는 일도 어머니가 시키는 대로만 했어요. 딴짓 안 하고.

권혜진, 『장사의 맛』, 정한책방, 2016, 25쪽.

그냥 직장 다니는 것처럼 아침 10시쯤 갔다가 저녁 8시쯤에 퇴근하면서 떡 일을 배웠어요. 어렸을 때부터 떡을 보고 살아서 익숙했지만 그때서야 무지개떡, 갖은편, 백설기, 송편, 개피떡, 경단을 배웠어요. 그러고 나서 1980년에 어머니가 미국으로 가시면서 우리가 낙원떡집을 인수했어요.

이광순(여, 1944년생), 2020. 3. 30. 조사.

1978년부터 낙원떡집에 출근한 이광순은 아침 10시부터 저녁 8시까지 일했다. 떡 일은 익숙했지만 다시금 어머니에게서 무지개떡, 갖은편, 백설기, 송편, 개피떡, 경단 만드는 것을 배웠다. 일하는 동안 가게 운영하는 법도 어머니에게서 배웠다. 이후 어머니가 미국으로 떠나자 이광순이 1980년 10월 1일부터 가게를 맡고, 김정귀도 사업을 접고서 낙원떡집 일에 동참하게 됐다. 낙원떡집 3대 사장이 된 이광순은 떡집의 딸로 태어나 맛있고, 많은 떡을 만들 수 있는 떡집으로 키우고 싶은 포부로 장사를 해 왔다.[28]

1980년 10월에 장모님이 미국으로 떠나시면서 저도 사업을 관두고 떡집 일을 시작하게 됐어요. 떡집 일을 하면서 쌀을 씻거나 밤새워서 함께 일하기도 했는데 이쪽(현재 낙원떡집 본점)으로 이사 오면서부터 주문량도 많아지고 공장이 생김에 따라 떡 일을 하지 않게 됐어요.

김정귀(남, 1943년생), 2020. 9. 21. 조사.

28 여성동아 161호, 1981. 2. 1., "여자 3대, 정성이 빚는 떡, 낙원떡집 이광순"

이광순이 낙원떡집을 운영할 당시 판매한 떡은 송편, 인절미, 개피떡 등 20여 가지였다. 그 가운데에서도 송편, 인절미, 개피떡이 주종을 이뤘다. 그 외 절편, 미니 개피떡, 꿀떡, 콩설기, 갖은편, 증편, 무지개떡, 약식, 꽃떡, 경단, 쌍개피떡, 단자, 웃기, 주악을 팔았다. 떡 가운데에서도 만들기 가장 어려운 떡은 갖은편과 단자였다.

> 백일에는 백설기·송편·수수경단 등을 하고, 돌에는 무지개떡·찰경단·인절미·약식 등이 쓰인다. 결혼식에는 꽃떡, 인절미, 개피떡을 쓴다. 회갑에는 갖은편·인절미·약식이 쓰이고, 절편과 인절미는 제사용으로 쓰인다. 제사 때 편을 쓰는 것은 온 집안이 두루 편안하기를 기원하기 위함이며, 결혼식 때 찰떡을 쓰는 것은 부부의 정이 찰떡처럼 떨어지지 않기를 기원함이다. 백일이나 돌에 수수경단을 함으로써 모든 액운이 다 제거된다고 믿는 데서 비롯된 것이다.
>
> 서울 사람들은 인절미, 약식, 개피떡을 좋아한다. 그 대신 강원도 사람은 밀떡을 좋아한다. 고물 대신 떡에 꿀을 바른 떡을 술떡 혹은 증편이라고 하는데 함경도나 평안도 사람들이 즐긴다. 전라도에서는 깨나 팥으로 고물을 입힌 떡을 좋아한다.

여성동아 161호, 1981. 2. 1., "여자 3대, 정성이 빚는 떡, 낙원떡집 이광순"

우리나라 떡집의 대명사 '낙원'

이광순이 가게를 맡은 해인 1980년 12월 31일 MBC 〈뉴스데스크〉에서 낙원떡집이 소개됐다. 이로 인해 낙원떡집과 더불어 낙원동 떡전거리도 활기를 띠었다. 방송 출연 전까지는 설탕 10㎏을 일주일 동안 썼지만 유명세를 치르면서 하루에 설탕 10㎏을 사용할 정도였다.

1980년 12월 31일 MBC 뉴스에 '60년 3대째 낙원떡집'이라는 주제로 매스컴을 타면서 1981년 1월 1일부터 손님들이 물밀듯이 왔어요. 그렇게 되면서 이곳 근방의 떡 골목에 사람들이 찾아옴에 따라 다 함께 장사가 잘되게 됐어요. 당시 사람들 말로는 설탕 10kg짜리를 일주일 썼는데 우리가 나온 이후로 하루에 한 포씩 썼대요.

이광순(여, 1944년생), 2020. 3. 30. 조사.

1
낙원떡집 내부와 이광순(1992)
경향신문, 1992. 9. 9., "떡도 이젠 패션시대…3대째 가업 '낙원떡집'"

2
3대 전승의 낙원떡집을 소개하는 기사
매일경제신문, 1981. 9. 12.,
"할머니를 연상하면서 떡장사 3대"

1

할머니를 연상하면서 떡장사 3代

20년대 장안에 소문난 그맛을 지금도

——鍾路의 「樂園떡집」

週末話題

3代째 60여년을 가업으로 이어 떡장사를 해오는 외길 여인이 있다. 친정어머니 金仁□씨(57) 외할머니 金四順씨(작고)의 外家의 대를 이어 다른 직업을 마다하고 떡만을 빚고 팔며 외길을 걷고 있는 李光順여인(38세). 家業을 잘고 닦겠다는 사명감보다 어린시절 눈썰미로 어깨넘어로 배운 떡만드는 기술이 지금의 李女人에게 이어졌고 지금도 우리 고유의 떡맛은 대대로 이어져 60여년 변함없는 떡맛을 담고 있다.

바로 이화제의 주인공은 서울[鍾路區]과 이어진 樂園동 떡전골목의 10여개 떡집중의 「낙원떡집」의 주인이다.

◇鍾路구 낙원동골목 李光順女人의 樂園떡집.

옛풍정과는 달리 「추석맞이 송편맞춤」이란 선전문구가 쓰인 떡집을 들어서니 李女人은 눈코뜰새없이 바쁘다. 한복차림의 예여인은 아니었지만 곱상하게 생긴 얼굴에 인절미를 자르는 솜씨는 가히 한석봉의 어머니를 연상케한다.

『뭐 자랑이랄게 있어요, 별난 재주가 없어 고작 떡장사나 하고 있어요』

그녀의 이 겸손한 말속에는 대를 이은 떡장사의 알뜰한 마음이 담겨져 있었고 떡의 애환을 말해 준다.

송편 인절미 절편등 돐때 해간사람이 結婚때 해가기도 "추석떡 사가는 世態"

지금은 세태가 변해 이골목의 떡집도 하나 둘 사라져 갔지만 李女人의 외할머니가 이곳에 처음 떡집을 차렸던 20년대야말로 낙원동 떡골목은 유명했다.

『외할머니는 떡솜씨는 좋았지만 처음엔 돈이 없어 떡을 받아다 팔았어요. 그후 돈을 벌어 떡을 만들기 시작했고 떡솜씨가 장안에 소문이 났어요. 발넓게 인력거를 타고 가다가 우리집앞에 내려 떡을 사가고 끄마들도 떡을 사러왔대요』

그녀는 할머니가 떡만들던 모습을 기억하며 이렇게 말한다.

어머니가 다시 代를 이어 떡장사를 시작해 지금 李女人의 5남매를 공부시켰다. 어머니 金仁□씨는 자신의 못배운 恨을 자식들에게서 풀어보겠다며 떡장사를 (열심히) 해 넷을 대학까지 공부시켰다.

그러나 바로 李光順씨에게는 대학대신 여고를 졸업한 후 떡집과 떡기술을 물려준 것이다.

李女人은 조금도 후회한적이 없다고한다. 어머니의 장한 떡솜씨를 이어받아 지금은 남편 金正□씨(42) 사이에 1남2녀를 두고 잠실의 아파트에서 행복하게 살고있다. 우리가 연상하면 떡장사와는 다른세태를 느끼기도 하겠지만 그 떡맛을 변함없이 대를 잇고있다.

추석대목이라 상당히 바쁘다.

평상시는 하루쌀 한가마 정도로 인절미·절편·5色경단·약식등 종떡을 만들어 낸다.

그러나 추석등 명절이 닥쳐오면 주문떡이 쇄도하기 시작한다.

『요즈음 밤을 끄박새서 떡을 만들지요. 별 특색은 없는데도 단골손님이 많아요. 돌을 맞아 떡을 해가더니 20년이 지나 시집간다고 시집떡을 해가는 사람이 많아요. 그러니까 20년이상단골손님이지요』

그정도로 낙원떡집은 유명하다.

李여인은 최근 추석등 명절에 가족들이 오손도손 모여 앉아 송편을빚던 정취는 사라졌다고 전하고 쉽게 돈으로 사가는 사람이 많다고 요즈음 세태를 꼬집기도 한다.

낙원떡집은 돈을 번다는 목적보다는 사라져가는 떡집의 모습을 읽게한다.

李光順여인은 바로 이점에서 어머니가 이어준 이떡집을 버리지않고 이곳에 3代째 떡집을 경영하고 있나보다.

【咸永鎬 기자】

2

1

고유의 맛 지키는 「3代떡집」

서울 「낙원떡집」 李光順씨

사는얘기

서울鍾路구樂園동ㅣ 낙원 떡집 주인 李光順씨(47)는 해마다 추석때가 되면 유난스레 바쁘다. 떡을 집에서 직접 해먹는 가정이 흔치않은 요즘 명절때만 되면 떡주문이 몰려들기 때문이다.

『손이 많이가는 귀찮은 일을 요즘 젊은 주부들이 하려고합니까. 또 떡만드는 법도 잘 모르는 형편이구요』

시중 떡집 가운데에는 「낙원」이란 상호를 가진 집이 많다. 이는 「원조」격인 이곳의 상호를 본뜬 것인데 그럴만한 이유가 있다. 「낙원떡집」은 외할머니로부터 어머니 딸로 이어지는 3대가 70년동안이나 대를 이집만의 독특한 떡을 만들어 왔기 때문이다.

李씨의 「3대떡집」이 처음 생긴것은 지난 1915년쯤. 외할머니 金西順씨(작고)가 생활이 어려워 京畿道楊州씨에서 생계를 위해 가족들과 함께 상경하면서 시작됐다고 한다.

「궁중떡」名家자랑 미국에도 分店

젊은세대 케이크선호 안타까워

『당시 외할머니는 宮인출신 과수댁들이 떡을 만들어팔면 樂園洞에서 떡을 받아다 파는 행상이었다고 합니다. 그러나 떡기술을 익히게된 5년뒤에 그간 모은 돈으로 떡집을 차리신거죠』

宮인출신에게서 떡기술을 배운 덕분에 외할머니 金씨는 서민들이 맛보기 힘들던 궁중떡기술을 익히게 되었고 이는 오늘날까지 이어져 낙원떡집의 자랑이 되고있다.

외할머니가 떡가게를 할때는 밤늦게까지 술시중을 들다 끼니를 놓친 이웃의 고급요리집기생들이 단골손님이었다는 것이다.

외할머니 金씨는 해방되기 직전 떡가게를 5남매중 솜씨가 가장 뛰어난 넷째딸 金[illegible]씨(63)에게 물려주었으며 金씨는 쌀이 흔치않던 당시 수수떡 [illegible]을 빚으며 가게를 꾸려나갔다는것. 6·25동란때 피란가서도 떡장사를 했다는 金씨는 가게를 다시 장녀 李光順씨에게 잇게했다.

『철들기 시작하면서부터 떡만드는 기술을 배우기 시작했습니다』 어머니 金씨의 억척으로 동생들은 모두 대학을 마쳤지만 자신은 여고를 졸업후 곧바로 어머니를 도와 떡을 빚기시작했다고 李씨는 말한다.

李씨가 특히 잘 만드는 떡은 갖은편과 오색경단. 갖은편은 밤 대추 잣 버섯등 갖은 고명을 얹어 찹쌀가루와 섞어찌는 떡이고 오색경단은 동그랗게 빚은 경단위에 노랑등 파랑등 카스텔라 계피 검은 깨가루를 입힌것.

李씨의 어머니는 10년전 미국으로 이민을 가 로스앤젤레스 웨스턴街에 낙원떡집(미국분점)을 차렸고 李씨는 그때부터 남편 金[illegible]씨(48)와 함께 대물림의 현 떡집을 운영하고 있다. 25년전 부인 李씨와 중매로 결혼한 金씨는 공무원생활을 하다 그만두고 부인과 함께 자랑스런 떡집주인이 되어있는 셈.

그러나 요즘은 떡장사도 예전같지 않다고 李씨는 말한다.

『떡이 많이 팔릴때는 하루 평균 쌀 한가마 분량의 떡이 나갔죠. 그러나 요새는 하루 평균 쌀 서너말분량밖에 팔리지않습니다』

최근에는 손님숫자가 늘지만 팔리는 양은 적어지고있다고 李씨는 말한다. 이는 우리 고유의 음식인 떡에 대한 인식이 낮아진데다 먹는 양도 훨씬 적어졌기때문이라고 풀이한다.

『떡이 예전에는 잔치 명절때 중요한 음식이었지요. 그러나 요즘은 어디 그런가요. 심지어 케이크로 대체하는 경우도 흔하지요』

떡이 예전보다 적게 나가도 李씨의 하루일과는 마찬가지다. 새벽4시면 일어나 떡에 넣는 쌀을 건진다. 평소주문받은 백일떡 돌떡 신랑신부 회갑떡등이 주종을 이룬다.

떡주문을 받다보니 李씨는 누구집 딸이 결혼을 하고 누구집 손자가 돌이라는등, 유명인사가정의 사적인 행사도 자연히 다 알게된다.

추석등 명절에는 평소보다 대여섯배 많은 떡을 만들기 때문에 손이 달린다. 모자라는 일손은 李씨의 여동생 시누이등 친척들이 도와준다.

『결혼떡 주문이 많은 주말과 명절등 남들이 노는 때에 더욱 바빠져 집에서 차례 한번 못지내봤습니다. 학교에 다니는 아이들 뒷바라지도 제대로 못했구요』

李씨 슬하에는 지난봄 대학을 졸업하고 시집간 큰딸과 대학1년생인 아들, 고등학교1년생등 3남매가 있다. 이들중 누가 李씨의 뒤를 이을지는 아직 모른다.

李씨는 그렇지만 떡가게는 계속 지킬 생각이다.

『떡만들기는 [illegible] 노동이라 [illegible]적 작업입니다. 일꾼을 고용해 일하기는 어려워요. 이웃 일본의 몇대째 이어지는 우동집이라든지 화과자점처럼 우리집도 내대에서 끊기지않고 대대로 이어지는 궁중떡의 명가로 지켜나갈 생각입니다』 〈朴京娥기자〉

추석을 앞두고 밀려드는 떡주문 받기에 바쁜 낙원떡집 주인李光順씨. 〈金東柱기자〉

2

3

4

1 궁중떡 명가로 낙원떡집을 소개하는 기사
동아일보, 1990. 9. 30., "고유의 맛 지키는 '3대 떡집'"

2 KBS 요리는 즐거워 출연 모습

3 tvN 수요미식회 출연 모습

4 SBS 김미화의 u 출연 모습

1980년대 낙원떡집과 떡전거리의 호황은 1990년대 중반까지 지속됐다. 낙원떡집의 유명세와 함께 우리나라 경제 발전으로 결혼식과 각종 행사가 몰려 있는 금~일요일에는 항상 밤을 새워야만 주문량을 맞출 수 있었다.

당시 판매량이, 지금 파는 한 팩이 20개면 한 가마인데 아홉 가마, 열 가마를 해놔야 했어요. 우리나라가 살기 좋아지니까 누구든 떡을 해 갔어요. 그때 너무 바빠서 떡을 썰다가 손을 다쳐 흉터가 많이 났어요. 근데 바쁘니까 병원도 못 가고 반창고 붙여 가며 일했어요.

이광순(여, 1944년생), 2020. 3. 30. 조사.

낙원떡집의 주문량은 나날이 늘어갔다. 특히 설, 추석과 같은 명절이 가까워지면 당시 초등학생이던 김승모를 비롯한 온 식구가 총동원된 가운데 밤을 새워 가며 떡을 만들었다. 이렇게 만든 떡들은 각지로 배달됐다. 초창기에는 인근 주문의 경우 자전거를 이용해서 김정귀와 직원들이 배달을 담당했다. 자전거로 배달이 어려운 먼 거리는 택시나 고속버스를 통해 떡을 배달하기도 했다. 하지만 주문이 밀려들면서 1982년에는 배달을 위해 포니2 차량을 구입, 서울은 물론 충청도에 배달하기도 했다.

낙원떡집 외부(1980)
배달용 자전거에 이광순이 대석작에 넣은 떡을 싣고 있다.

배달 차가 없을 때는 택시 기사에게 부탁하거나 자전거를 타고 배달했어요. 사대문 안 정도나 성북동, 서대문구까지 배달했어요. 그보다 멀 경우 고속버스도 이용했어요. 차로 배달하면서 배달 범위가 더 넓어져서 이바지떡이나 잔치떡 같이 대량 주문의 경우 충청도까지 배달 갔어요. 떡 배달은 1982년쯤 시작해서 2000년까지 했어요. 배달 차는 처음 포니2에서 프라이드, 마크 4, 기아 카렌스까지 바꿨어요. 당시 배달 차는 우리 낙원떡집에만 있었어요.

김정귀(남, 1943년생), 2020. 9. 16. 조사.

1980년대에 낙원동 떡전거리는 전성기를 누렸다. 여기에는 우리나라의 경제적 성장과 사회적 규제 완화가 뒷받침됐다. 경제적 변화는 1980년에 제2차 석유파동(1979)으로 불황이던 경기가 1982년 이후 성장세를 보이면서 시작했다. 이후 1980년대 중반의 저금리, 저유가, 저달러의 소위 '3저 현상'에 의해 우리나라 경제 성장의 발판이 마련됐다. 이에 우리나라 경제는 1980년대에 평균 8.5%의 경제성장률을 보였다. 여기에 1988년 올림픽 특수까지 더해지면서 1980년대 후반까지 한국 경제는 호황기를 누렸다[29]

이와 더불어 1980년대 사회적 규제도 완화됐다. 전두환 정권 이후 민간 소비에 대한 규제를 완화하고 내수를 진작하는 정책을 채택함으로써 떡집을 비롯한 서비스업이 성행하게 됐다.[30] 구체적 내용으로는 1980년에 일반 대지를 소규모 방앗간으로 용도 변경 시 인·허가제이던 것이 신고제로 전환됐다. 또 1981년 아파트 단지 내 방앗간 시설 정비 허가가 가능해졌다. 1982년에는 대로변과 서울 미관지구 내 방앗간 설치도 허용됐다. 여기에 1980년대 가정의례준칙이 완화되면서 명절보다 결혼식 등 행사용 떡의 수요가 주를 이뤘다.[31]

29 이재은 등 17인, 『서울재정사』, 서울특별시, 2007, 900-905쪽 · 1050-1054쪽.

30 한범수 등 11인, 『근현대 서울 사람들의 여가생활』, 서울역사편찬원, 2019, 211쪽.

31 의례 시 떡의 이용률은 혼례 때 가장 높았고 상례 때 가장 낮았으며, 돌·혼례·회갑 때는 백일·돌·아이의 생일·제사·상례 때보다 떡의 이용률이 높은 경향이었다. 의례 시 가장 많이 이용하는 떡은 백일·돌·아이의 생일에는 백설기로, 어른의 생일·혼례·제사·회갑에는 인절미로 나타났다.(임국이·김선효, 「떡의 이용실태 및 시판제품에 대한 평가」, 『한국식문화학회지』3권 2호, 1998, 174쪽.)

사회적으로 1970년대에 허례허식을 금지하면서 답례품을 주고받던 것이 금지됐는데 1980년대에 완화돼 떡 수요가 늘었어요.

김승모(남, 1971년생), 2020. 3. 16. 조사.

도시화에 따른 핵가족 문화도 낙원동 떡전거리에 영향을 미쳤다. 1970년대부터 진행된 도시의 핵가족화는 사회경제적 변화와 산업화에 따라 1980년대 서울에 만연했다. 핵가족 문화는 떡을 집에서 만드는 것이 아니라 떡집에서 구입하는 상품으로 인식하게 했다.[32]

1980년대 떡 산업의 변화는 경제 발전에 따른 쌀 공급 형편이 과거보다 나아졌기에 가능했다. 떡 소비 문턱이 낮아지면서 떡 수요가 증가했다. 떡 수요에 따라 백화점에서도 떡을 팔았고, 삼양식품은 떡라면을 개발하기도 했다. 심지어 가정용 떡방아가 등장하기도 했다.[33]

이러한 사회적 분위기에서 낙원떡집은 낙원동 떡전거리의 전성기를 이끈 주역이었다. 각종 매체에서 낙원떡집이 소개돼 고이뻐부터 이광순에 이르는 낙원떡집 3대의 스토리가 전해졌다.[34] 각종 매체에서 이름을 알린 낙원떡집은 우리나라 떡집의 대표 명사로 자리 잡았다. 그것은 전국 떡집 상호를 통해 확인할 수 있다. 전국적으로 '낙원'이라는 명칭을 사용하고 있는 떡 관련 사업체는 총 314곳이다. 이를 지역별로 살펴보면 서울 71곳, 경기·인천 97곳, 충청 36곳, 강원 7곳, 경상·울산·대구·부산 84곳, 전라 19곳이다.[35]

낙원떡집은 전성기와 함께 모습도 변화했다. 낙원동 272번지에 소재한 낙원떡집 건물은 2층 빨간 벽돌 건물로, 1층만 세를 얻어 사용하고 있었다. 당시 장소가 많이 협소해서 쌀을 씻고, 불리고, 찌는 등의 작업은 모두 점포 밖인 삼일대로 변에서 이루어졌다. 하지만 점차 떡 주문이 많아지자 낙원떡집은 같은 건물의 2층을 추가로 임대해서 창고 겸 직원 숙소로 사용했다. 1990년에

32 농어촌 지역에 거주하는 주부일수록 간편해서, 대도시 지역에 거주하는 주부일수록 소량 필요해서 시판 제품을 구입하는 경향이 있다.(임국이·김선효, 「떡의 이용실태 및 시판제품에 대한 평가」, 『한국식문화학회지』 3권 2호, 1998, 169쪽.)

33 동아일보, 1988. 3. 22., "자동떡방아"

34 1980년부터 1990년까지 낙원떡집에 관한 기사는 다음과 같다.
경향신문, 1981. 9. 10., "3대째 가업 『낙원떡집』 인절미 1관에 만원, 절편은 8천원"; 매일경제신문, 1981. 9. 12., "할머니를 연상하면서 떡장사 3대"; 경향신문, 1984. 12. 25., "설날 앞두고 떡 수요가 는다"; 경향신문, 1987. 1. 21., "낙원동의 궁중 떡집"; 동아일보, 1990. 9. 30., "고유의 맛 지키는 『3대 떡집』 서울 『낙원떡집』 이광순씨"

35 114 번호 안내 서비스(2020. 4. 10. 기준) 상호에 '낙원'이 포함된 떡류 사업체.

는 인사동 방향 바로 옆 점포도 추가해서 방아 기계, 성형기(송편 기계), 개피떡 기계를 마련해 이용하기 시작했다.

과거 매장은 지금 본점에서 보이는 나무 있는 데에 있었어요. 맨 처음에는 1층만 쓰다가, 거기가 2층까지 있었는데 2층은 의상실이었다가 나중에 얻어 2층에서도 떡을 만들었어요. 가게 끝자락쯤에 2층 올라가는 계단이 있었어요. 지금 보이는 유리문으로 해 놓은 곳에 수도물을 끌어다가 쌀도 씻고 그랬어요. 가게가 있으면 벽을 기준으로 불을 놓고, 떡을 치고, 절구를 치고 그랬어요. 몇 년 뒤에 와 보니까 그 옆에를 또 얻어서 방아 기계를 넣어 놨었어요. 그래서 쌀 씻는 것, 방아 빻는 것, 찌는 것 다 밖에서 했어요. 불 같은 것들이 다 밖에 있었어요.

매장 내부는 여기(삼일대로 변)가 좌판이면 이쪽(종로 방향)에 방이 있었어요. 그래서 방에 앉아 송편을 빚기도 했어요. 여기 방이 있으면(아래에) 들어갔다 나왔다 하는(연탄) 아궁이가 있었어요. 문은 미닫이고 방은 연탄불이 들어오는 방이었어요. 가게는 코너(삼일대로 변에서 인사동 방면)에 있는 집이라 손님이 여기저기서 들어왔어요.

이광희(여, 1954년생), 2020. 6. 4. 조사.

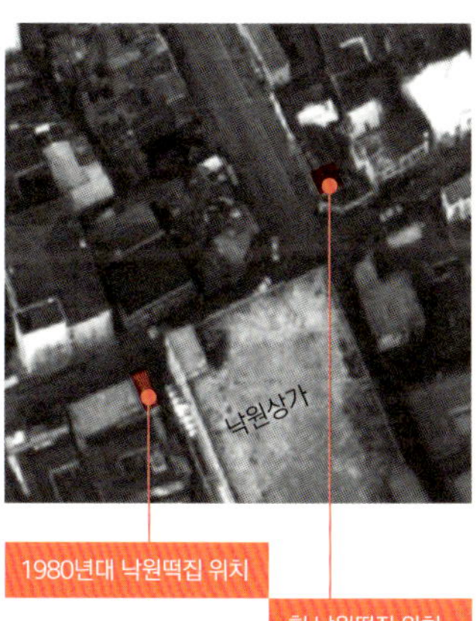

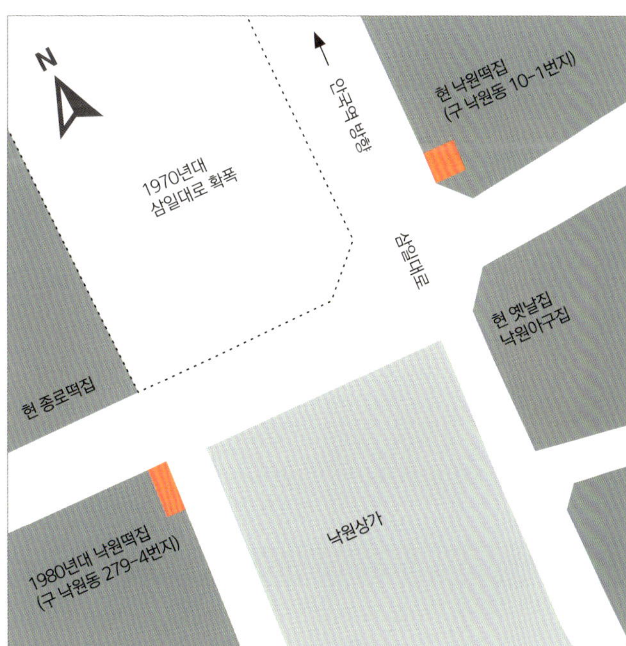

낙원떡집의 옛 자리

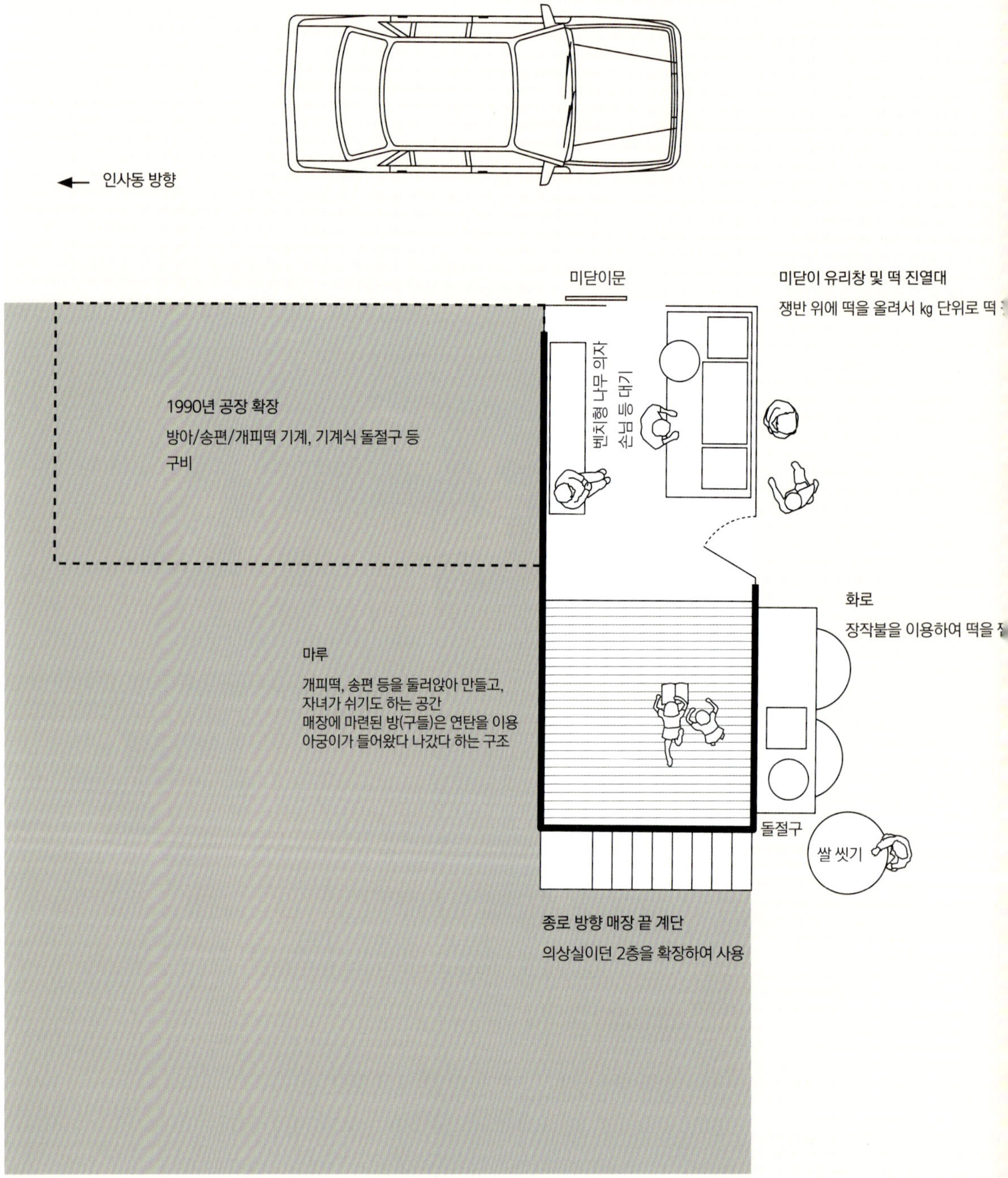

구술을 바탕으로 정리한 낙원동 272번지(구 279-4번지)에서의 공간 사용 모습 추정안

N

삼일대로

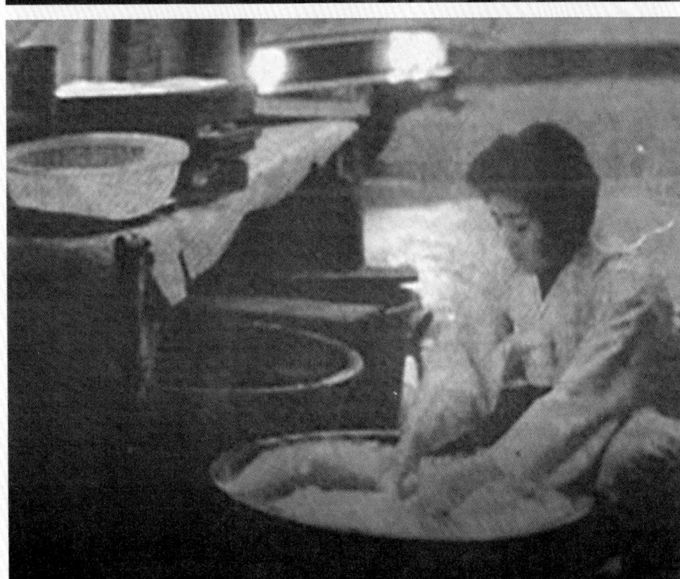

낙원상가

종로 방향

낙원동 272번지(구 279-4번지)에서의 낙원떡집 모습

3-2 공평 12지구 재개발과 낙원동 9번지 이전

공평 12지구 개발과 낙원동 떡전거리의 재편

우리나라의 사회·경제적 변화로 떡 산업이 발전했고, 떡의 진입 문턱이 낮아지면서 낙원동 떡전거리는 호황을 맞았다. 그러나 떡전거리가 위치해 있던 낙원동 272번지 일대 공평 12지구에 대해 1980년 재개발 사업계획이 확정됐다.[36] 공평 12지구 재개발은 1991년 8월부터 시작해 2002년 7월 프레이져 스위트를 준공했다.[37] 이로 인해 낙원동 떡전거리는 또 한 번 낙원상가 주변으로 흩어졌다.

공평 구역 지구별 재개발 현황표[38]

지구	건물명	준공연도
1·2·4지구	센트로폴리스	2018.07.30
3지구	공평유적전시관	2018.07.30
5지구	하나빌딩	1984.10.08
6지구	태화빌딩	1982.10.29
7지구	하나로빌딩	1982.03.21
8지구	미시행	
9지구	미시행	
10지구	미시행	
11지구	미시행	
12지구	오라카이 인사동 스위츠	2002.06.08
13지구	미시행	
14지구	대일빌딩	1992.05.04
15·16지구	현대엔지니어 '공평 15·16지구 도시정비형 재개발 신축공사' 도급계약 체결	
17지구	미시행	
18지구	미시행	
19지구	종로타워	1999.09.02

36 매일경제신문, 1980.01.12., "건설부, 공평재개발사업계획 확정"

37 극동건설에서 프레이져스위트로 1991년에 재개발 시행 인가를 받았다. 그러나 자금 조달의 어려움과 IMF 국제금융 위기로 사업주와 건축계획이 변경되면서 시행 인가 후 11년이 지난 2002년에 사업이 완료됐다. 공평 12지구는 최초 시행자가 극동건설이었으나 1996년 한국부동산신탁으로 변경되고, 이후 2000년 토지건물 매각에 따라 현재의 로담코 주식회사로 변경됐다.(심경미, 「20세기 종로의 도시계획과 도시조직 변화」, 서울시립대학교 도시공학과 박사학위 논문, 2010, 216쪽.)

38 건축물 생애 이력 관리 시스템; 심경미, 「20세기 종로의 도시계획과 도시조직 변화」, 서울시립대학교 도시공학과 박사학위 논문, 2010, 214쪽.

로담코빌딩(공평구역 12지구)	
시 행 자	로담코인사(주)
시 행 면 적	4,214.10m²
대 지 면 적	3,284.50m²
건 축 면 적	1,618.06m²
연 면 적	45,510.00m²
건 폐 율	49.26%
용 적 율	884.53%
층 수	지상 24층, 지하 6층
주 용 도	업무(주거)
주 차 대 수	376대
사 업 비	627억원
지 정 일	1978-09-26
인 가 일	1991-08-02
사 업 완 료	2002-06-30

용도별 면적	
업 무 시 설	15,217.00m²
판 매 근 린	6,803.00m²
공 동 주 택	10,510.00m²
기 타	12,980.00m²

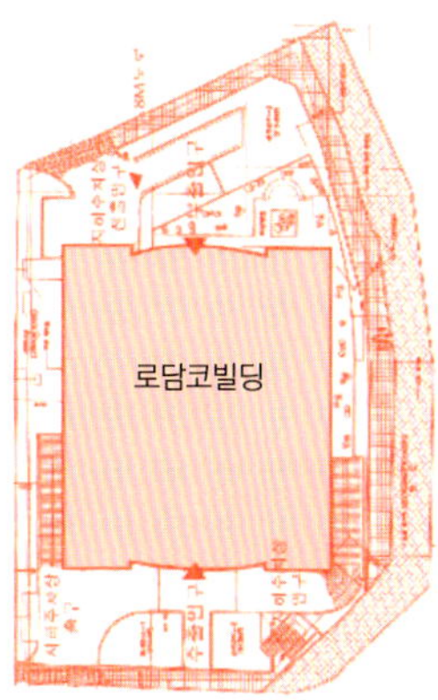

낙원동 272번지(현 오라카이 인사동 스위츠)
2020년 목표 서울특별시 도시환경정비기본계획, 2010, 서울특별시, 완료 건축물 목록

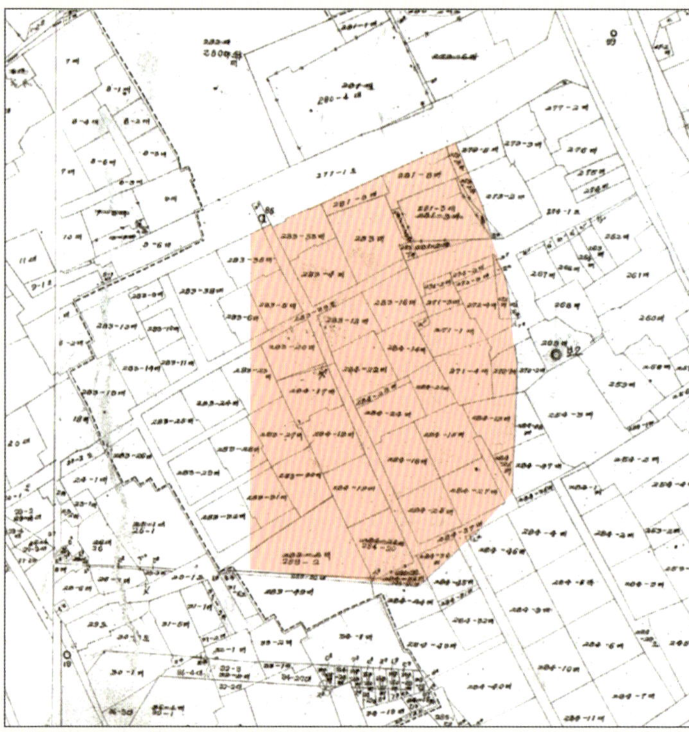

도심재개발사업 지정 전 지적 현황(1976)
폐쇄지적도, 종로구청

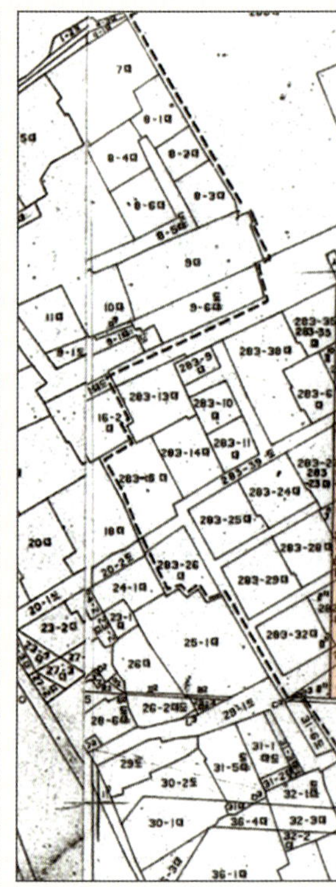

공평구역 12지구 필지 분할(1984
폐쇄지적도, 종로구청

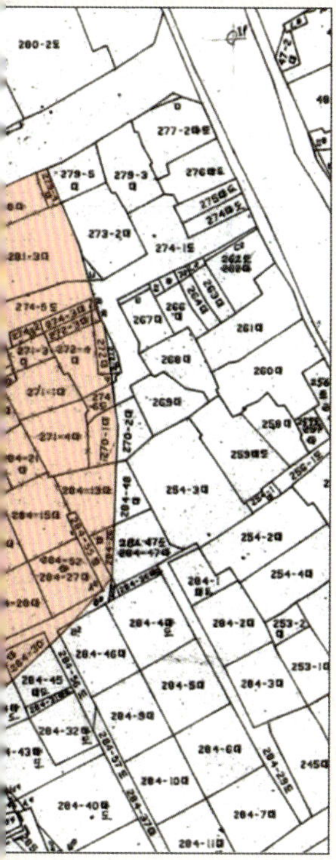

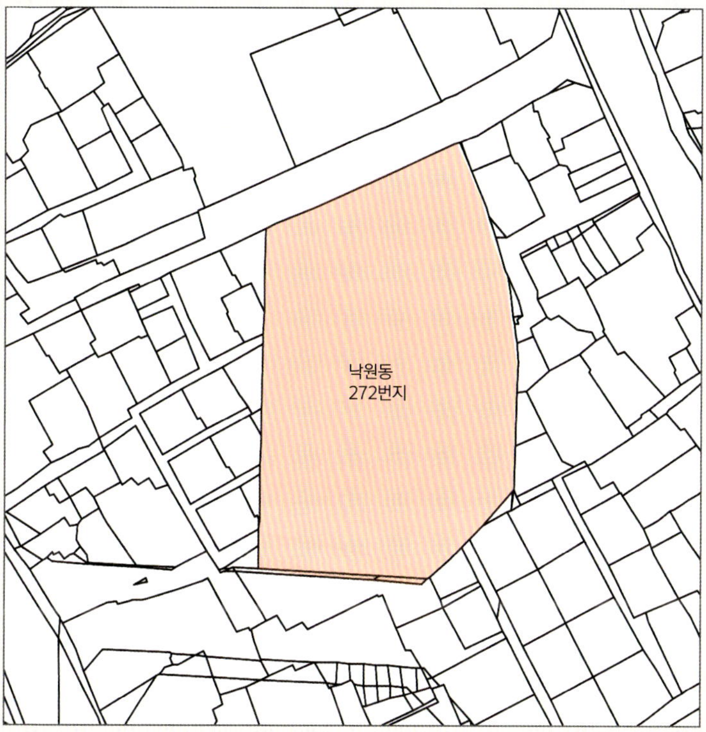

합필 이후의 낙원동 272번지(2020)
지적도, 국가공간정보포털

공평 12지구 재개발은 떡전거리에 큰 타격을 주었다. 공평 구역 재개발로 삼일대로에서 인사동 방향으로 난 지금의 인사동4길을 따라 옹기종기 모여 있던 떡집들이 흩어지게 되면서 1992년에 15곳만이 명맥을 잇게 됐다.[39]이런 상황에 1970년부터 추진된 강남 개발로 낙원동의 주요 고객이던 북촌 인구의 강남 이탈이 1980~1990년대 대거 진행됐다. 여기에 더해 1990년대에 들어서는 '3저 현상' 소멸, 원화 절상, 임금 인상과 노사분규 확대 등으로 인해 경기가 급격히 후퇴했다. 1997년에는 소위 IMF 사태라 일컫는 경제위기가 떡전거리에도 불어닥쳤다.[40] 각종 위기를 거친 낙원동의 떡전거리는 현재 4개의 떡집만이 명맥을 이어 가고 있다.

낙원동 떡전거리 현황(1998)

39 경향신문, 1992. 5. 27., "도심 골목 명소가 사라져 간다"
40 경향신문, 1998. 1. 21., "'설대목 실종' 떡방앗간 개점휴업"

당시 떡집으로 안경 쓴 떡집, 제일떡집, 낙원떡집, 종로떡집, 평양떡집이 있었어요. 지상이랑 낙원상가 지하에 합하면 아홉 집까지 있었던 것 같아요. 그러다가 오라카이 인사동 스위츠 지으면서 전부 다 철거돼 많이 없어졌어요. 그러다가 하나하나 없어지더니 지금 종로떡집하고 낙원떡집이 있는 거죠.

윤청자(여, 1938년생), 2020. 6. 16. 조사.

제가 낙원상가에 왔을 때 옛 명성은 벌써 기울 때였어요. 1980년대부터 강남이란 개념이 생기고 압구정동 등 강남 일대에 대규모 아파트 단지가 생기면서였어요. 그래서 1980년대 초반에 주 고객이던 북촌 사람들이 강남으로 이주했어요. 이 주변에 있던 서울고등학교를 비롯한 학교들도 다 이전하면서 사람들도 따라가게 됐죠. 제 기억으로는 떡집이 1980~1990년대에 많을 때는 열다섯까지 있었어요. 1990년 넘어서면서 지금은 4개(낙원떡집, 종로떡집, 우리떡집, 선일떡집)밖에 안 남았어요.

김승모(남, 1971년생), 2020. 3. 16. 조사.

낙원동 떡전거리(2000년대 초)
현 낙원떡집 본점에서 종로 방향으로 삼일대로에 면한 길가에 떡집이 즐비했다.

낙원동 9번지 낙원떡집

1980~1990년대 전성기를 누린 낙원떡집도 낙원동 272번지가 재개발됨으로써 1993년에 낙원동 9번지로 가게를 이전해야 했다. 이곳을 선택한 것은 김정귀의 결정이었다. 김정귀는 낙원동 9번지가 낙원동 사거리에 위치해서 교통상의 이점이 있고, 대로변에 위치해서 접근성이 좋다는 것을 감안했다.

오라카이(인사동) 스위츠 부지에서 재개발하니까 이곳(낙원동 9번지)으로 오기로 했어요. 위치는 제가 정했는데 여기 바로 앞이 횡단보도가 있으니까 자리가 좋아 보여서 정한 거예요. 지금은 세도 비싸긴 한데 위치가 좋고, 코너에 있는 데다 대로변에 위치해서 차 몰고 바로 올 수 있으니까 어려움을 감수하고 현재까지 자리를 지키고 있어요.

김정귀(남, 1943년생), 2020. 9. 16. 조사.

1990년에 낙원동 9번지 자리에는 한옥이 있었다. 한옥 한 채를 쪼개서 삼일대로 변쪽은 문방구를 비롯한 여러 가게가 세를 들어 매장을 운영했다. 뒤편은 건물 주인이던 수양한의원이 사용했다. 그 당시 낙원떡집은 8평 규모의 매장이었다. 삼일대로 변에 기존 272번지에서 쓰던 대형 나무 도마를 가로로 길게 놓고, 스테인리스강 쟁반에 떡을 올려놓고 판매했다. 매장 안에는 방이 하나 있어 매장 직원 숙소를 겸했고, 행사용 떡 주문을 위한 예약실이 별도로 마련돼 있었다.

이 가게를 리모델링하기 전에는 한옥이었어요. 그때는 이 가게가 절반을 차지했고, 방이 하나 있었어요. 그리고 예약실을 칸막이해서 썼어요. 그래서 지금 가게는 떡 써는 곳과 떡 파는 곳이 더 멀어지게 됐어요. 방에는 여기 사촌 언니가 있었어요. 나이 먹고 혼자 사니까 거기서 자고 살았어요. 예전에는 이 건물 터가 길어서 가게가 많았어요. 이곳에 한의원, 문방구, 한복집이 있었어요. 옆에는 도원아구찜 자리에 금(은)방을 했어요. 그러면서 담배도 함께 팔았어요. 그 옆 귀퉁이를 보면 아구찜 집이 있었고, 그 아래에서 여자가 떡볶이랑 김밥을 팔고 있었어요. 그래서 아구찜인가 어디랑 화장실을 함께 썼어요. 당시 공장은 그대로 있었어요..

이광자(여, 1960년생), 2020. 6. 5. 조사.

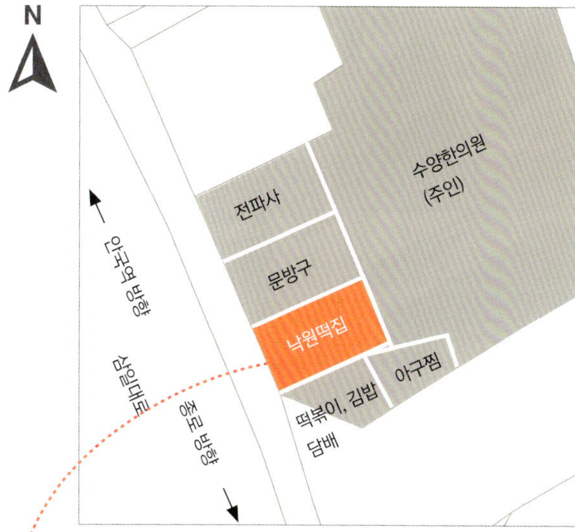

낙원떡집과 인근 상점들의 분포

낙원떡집 신축 전 모습(2000)
서울연구데이터서비스 제공

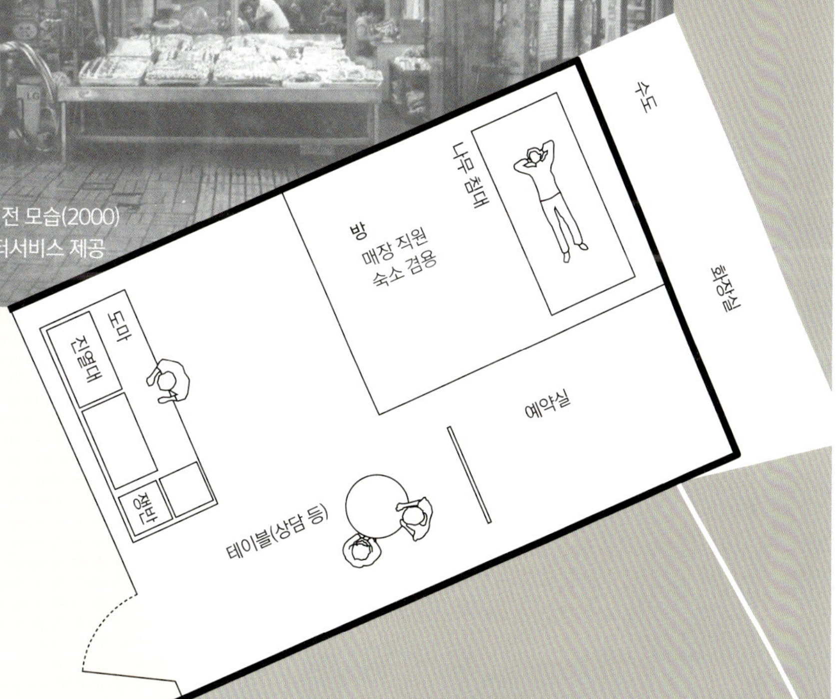

낙원떡집 내부 공간 활용 모습

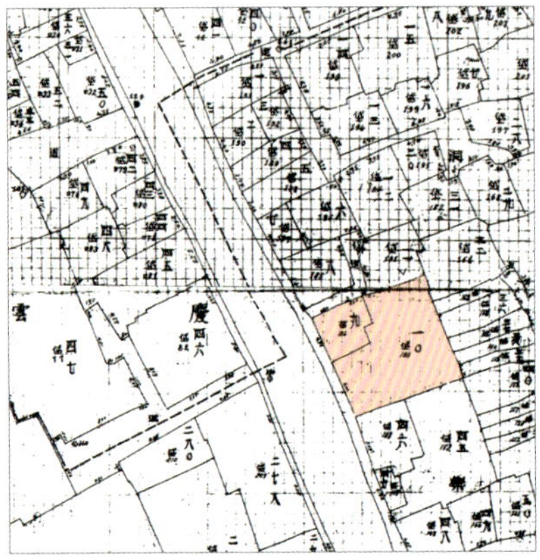

1912년의 9, 10번지
1912년 지적원도, 지적아카이브 제공

1929년의 9,10번지
1929년 경성부일필매지형도,
국립중앙도서관 제공

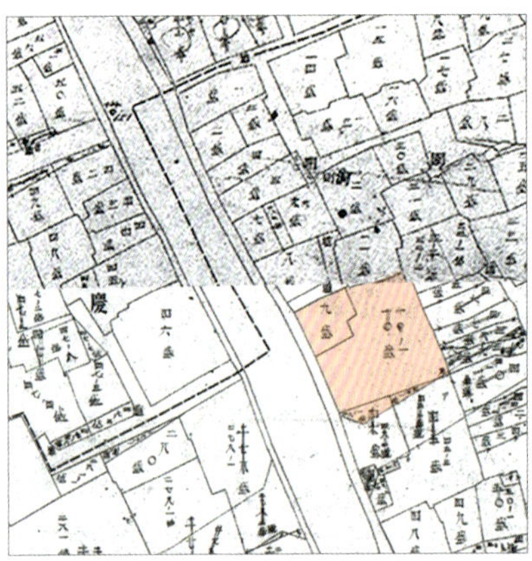

삼일대로 30길 형성으로 10번지 분할하여
10-1번지 외 2필지 형성
1930년대 추정 폐쇄지적도, 종로구청

삼일대로 30길 합필에 다른 지적변화
1960년대 추정폐쇄지적도, 종로구청

2020년 지적도, 국가공간정보포털

낙원동 10번지에서 낙원동 9번지로의 지번 변화

한때 낙원떡집은 공장 자리에서 매장과 공장을 겸용하기도 했다. 그것은 2003년에 낙원동 9번지 자리가 신축하면서 판매를 위한 임시 공간이 필요했기 때문이었다. 낙원떡집 본점이 위치한 낙원동 9번지는 2004년에 새 단장을 했고, 현재까지 낙원떡집은 그 자리를 고집하며 자리를 지키고 있다.

그러다 낙원동 9번지가 2003년에 신축 계획이 잡히니까 공장으로 가서 1년 정도 매장이랑 공장을 함께 운영했어요. 2004년에 다시 이곳으로 돌아와 건물 2층이 전부 비어 있을 때 개업식을 했어요.

김정귀(남, 1943년생), 2020. 8. 31. 조사.

낙원동 9번지(구10-1번지) 일대
기존 건축물 모습(2002)
서울특별시 항공사진 서비스 제공
(https://aerogis.seoul.go.kr/)

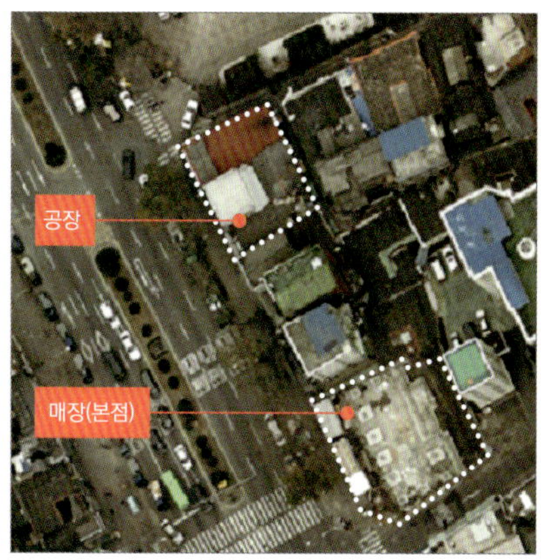

낙원동 9번지(구10-1번지) 일대 개발로
기존 건축물 철거(2003)
서울특별시 항공사진 서비스 제공
(https://aerogis.seoul.go.kr/)

낙원떡공장에서 매장을 병행하던 모습(2003)

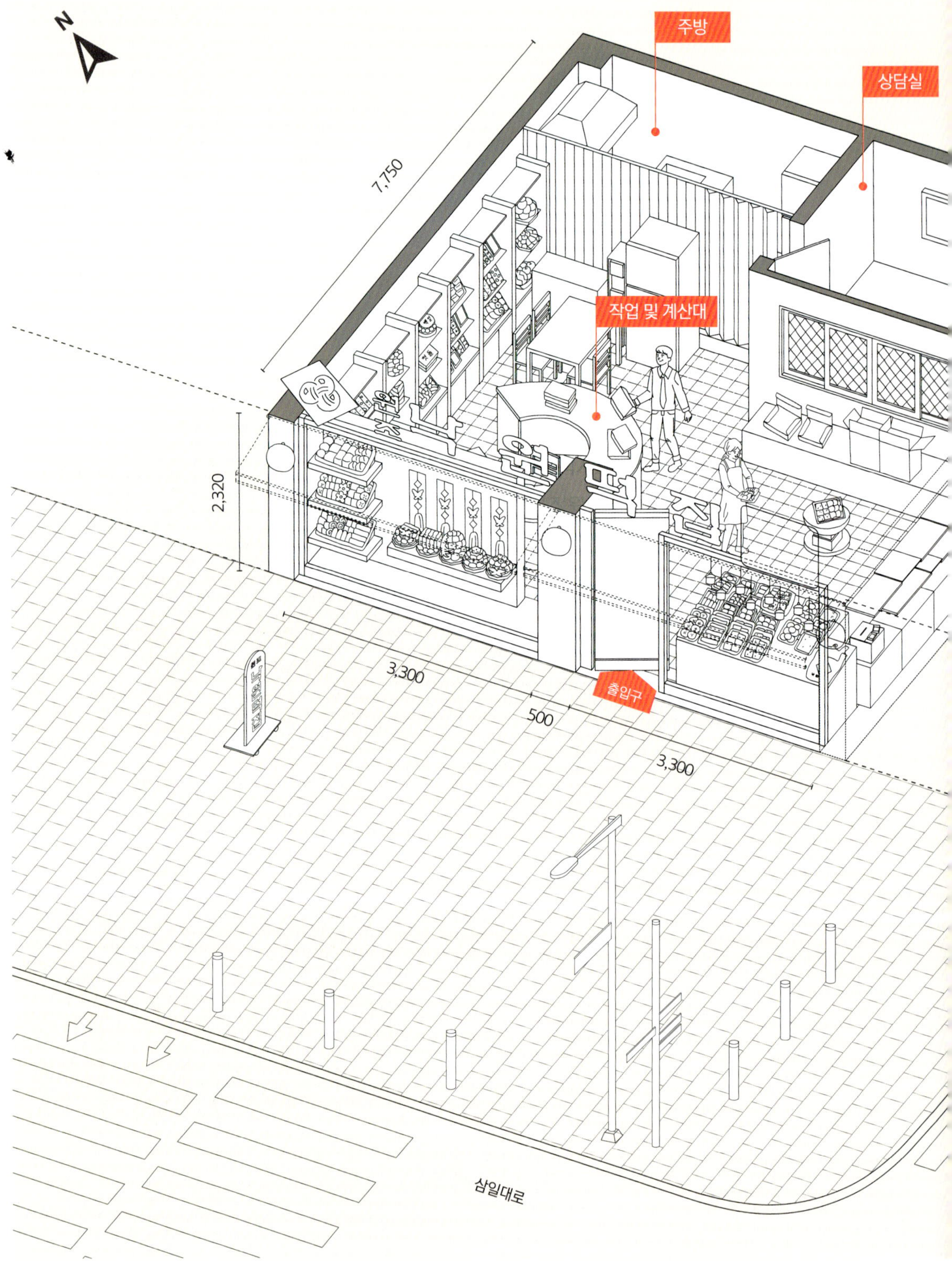

N
주방
상담실
7,750
작업 및 계산대
2,320
3,300
500
3,300
출입구
삼일대로

낙원떡집 본점(삼일대로 438)

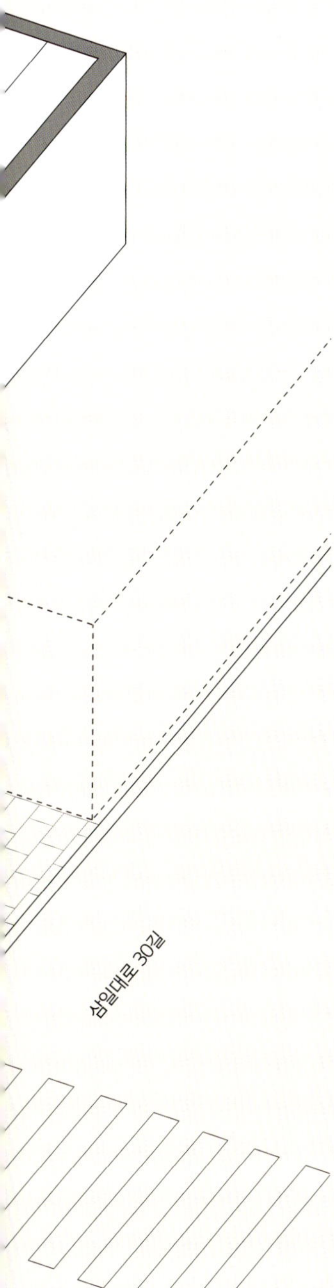

1 낙원떡집 본점 모습
2·3 포장된 떡과 한과 진열 판매

2020년 낙원동 떡전거리 현황

1 선물세트 진열
2 손님을 응대하는 이광순
3 한과와 각종 언론보도를 전시한 벽면
4 낙원떡집 본점 돈통
5 낙원떡집 본점 상품 진열
6 낙원떡집 본점 작업대와 상품 모형 진열대
7 불이 환하게 켜진 매장 내부

3-3 낙원떡공장 신설

떡 생산의 기계화와 낙원떡집의 변화

1981년 신일산업의 '신일 떡 제조기'를 시작으로 떡 방앗간용 기계가 시중에 등장했다.[41] 떡 기계 출현은 당시 방앗간 호황을 알려주는 지표인 한편 떡 기계 보급에 따른 떡 공급량 증대를 의미했다.

개피떡 한시간에 2千5百개 만들어

자동개피떡기계

떡반죽덩어리와 소를 각각 넣으면 시간당 2천5백개의 개피떡이 자동으로 만들어지는 떡기계。떡의 두께및 크기를 조절할수있고 식용유가 자동으로 흘러나와 기계속에서 떡이 눌어붙지 않도록했다。또 브러시롤러가 붙어있어 떡이 밖으로 떨어질때 식용유를 발라준다。규격은 폭50cm 길이192cm 높이160cm。태창기계제품, 가격 2백50만원。(서울922-5123)

자동개피떡 기계
경향신문, 1987. 12. 22., "자동개피떡기계"

낙원떡집은 낙원동 272번지에 있던 1990년부터 방아 기계를 시작으로 성형기(송편 기계), 개피떡 기계 등을 갖추기 시작했다. 본격적인 기계 도입에 앞서 1980년대 후반에 기계식 돌절구를 가장 먼저 구입해 떡을 만드는 과정에서 가장 고된 작업인 절구질을 대신했다. 당시 기계식 돌절구는 서울에 소재한 경창기계에서 구입했다.

41 동아일보, 1981. 9. 11., "81 신개발품 신일 만능 떡 제조기 탄생"

기계상은 삼우, 신풍, 경창하고 거래했는데 경창하고 가장 먼저 했어요. 옛날에 경창은 서울에 있었는데 1980년 후반에 처음 거래했어요. 그때 경창한테 자동 절구를 구매했어요.

김정귀(남, 1943년생), 2020. 8. 31. 조사.

1980년대에 사용한 기계식 돌절구는 낙원떡집 기계화의 과도기적 형태였다. 현재 낙원떡집에서 사용하는 펀치식 절구와 달리 절굿공이만 모터로 상하 운동을 하는 기계였기 때문에 사람이 중간중간 손을 넣어 욱여 줘야 하는 불편함이 있었다.

처음에는 손으로 치다가 1980년대에 모터가 있는 절구를 들였어요. 그게 끝은 나무인데 기계가 떡을 때리면 손으로 욱여 줘야 해요. 근데 위험하니까 잽싸게 잘해야 돼요. 그 절구로 인절미, 절편을 했어요.

김정귀(남, 1943년생), 2020. 8. 31. 조사.

펀치기를 쓰기 전에는 자동절구라고 해서 자동으로 치는 절구를 사용했어요. 근데 그건 기계가 너무 크고 한쪽만 치니까 사람이 계속 보면서 욱여 주고 물을 넣어 줘야 하는 불편함이 있었고, 기계가 손을 찧을 수도 있는 위험한 상항이 있어서 1980년대 후반부터 1990년대까지 쓰다가 (펀치기로) 바꾸었어요.

김승모(남, 1971년생), 2020. 8. 31. 조사.

기계식 돌절구

이후 낙원떡집은 1988년부터 공장을 가동하고 확장하면서 지금의 공장 체계를 만들었다. 시간이 지날수록 공장에서는 더욱 간소화한 기계를 도입하게 됐고, 1990년대 후반 공장이 현재 모습과 체계를 갖추게 됐다.

한옥 4채로 이루어진 낙원떡공장

낙원떡공장은 낙원동 1~4번지 한옥 네 채를 매입해 지금의 모습이 됐다. 1988년 낙원동 1번지를 시작으로 세 차례에 걸쳐 1996년에 매입이 완료됐다.

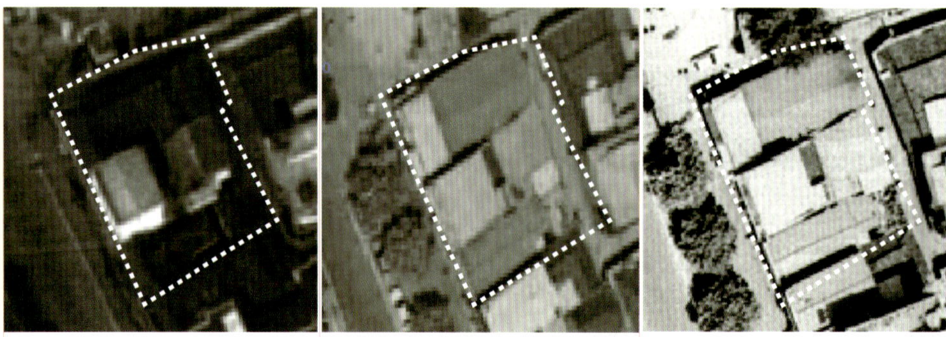

	1972	1989	1993

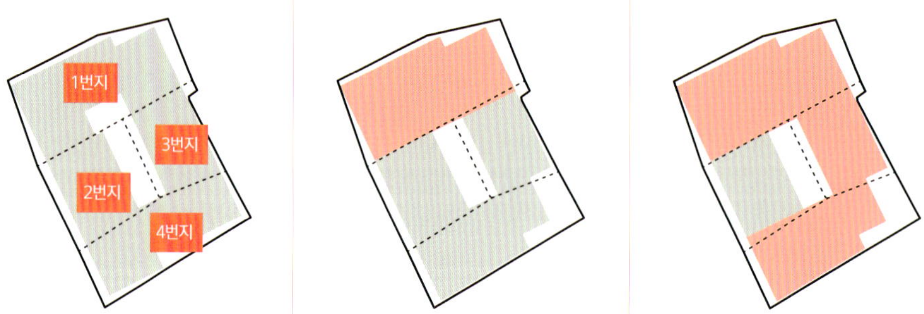

공간 매입		1988년 낙원동 1번지 매입	1993년 낙원동 3, 4번지 매입
공간 사용		• 문구점이던 1번지 매입 • 1번지 한옥 지붕을 덮어 중정을 실내화 (현재 창고 및 화장실로 사용 중인 영역)	• 본점이 272번지에서 9번지로 이전

낙원동 1~4번지 공간 매입 및 사용 변화

공장 부지는 집을 세 번에 나눠 샀어요. 당시 그곳이 1번지랑 2번지가 각각이고 3~4번지가 하나였어요. 그 앞쪽으로는 조그마한 가게가 있었고, 뒤쪽은 집들이었어요. 공장은 전체적으로 쓰니까 1~4번지가 다 공장이라 할 수 있고, 2번지하고 4번지 뒤쪽은 집들이었어요.

김승모(남, 1971년생), 2020. 6. 6. 조사.

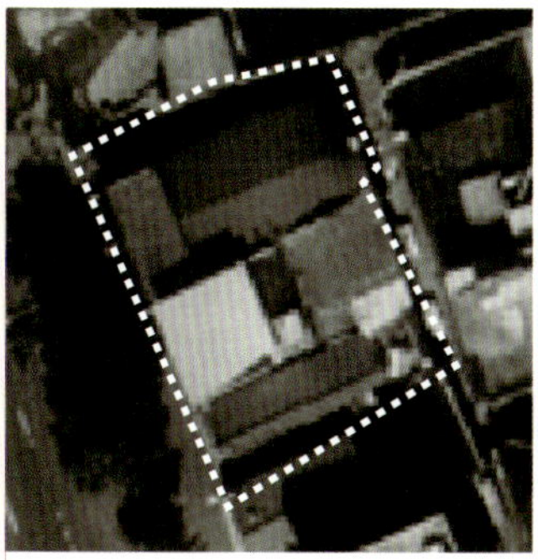

1996

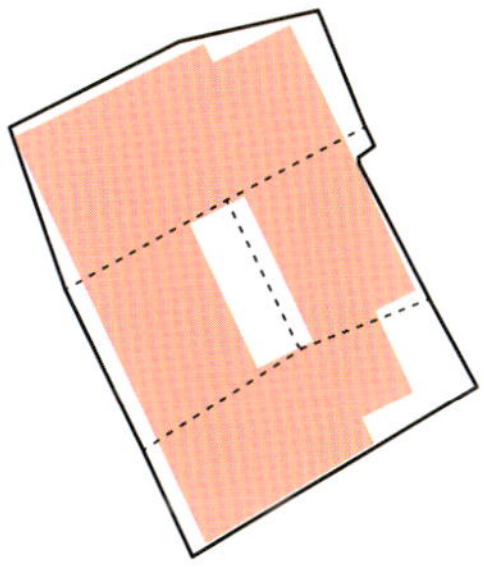

1996년
낙원동 2번지 매입

2002

1990년대 후반

- 본점을 9번지에서 1번지로 이전하여 매장과 공장을 겸함 (신축에 따른 임시 매장)
- 2번지와 3번지 사이 외부공간의 실내화

2005

2004년

- 9번지로 본점 다시 이전
- 1~4번지 공장으로 사용
- 4번지 2층 증축하여 기숙사로 사용

1

3

낙원동 1~4번지 건축물 변용 흔적

2

4

1
1~4번지 임시매장 사용 당시 모습
타일 마감이 덧붙여져서 한옥의 원형은 찾을 수 없지만 기와와 서까래가 남아 있고, 기둥을 제외한 벽면이 유리로 되어 있다.

2
현재 공장으로만 쓰이는 1~4번지 모습
페인트 덧칠을 했으나 상단부와 기둥 위치에 타일 패턴 흔적이 남아 있다. 공장으로 쓰이면서 유리 쇼윈도는 벽과 작은 창문으로 바뀌었다.

3·4
삼일대로 이면도로에서 바라본 낙원떡공장의 외관 모습
지붕과 서까래 등 덧붙여진 마감재료로 인하여 과거 한옥의 원형 확인이 불가능하다. 건물의 외부는 필지별로 지붕 높이가 서로 다르고, 타일과 벽돌 등 다양한 재료가 입면을 이루고 있다. 4번지 상부에는 샌드위치패널로 증축한 기숙사가 위치해있다. 내부의 보일러에서 연결된 덕트가 건물 밖으로 드러나 있다.

공장이 1988부터 1996년까지 확장을 거듭하면서 낙원떡집의 기계화도 진행됐다. 현재 낙원떡집에는 방아 기계, 성형기(송편 기계), 펀치식 절구, 포장 기계, 개피떡 기계, 제병기(절편·가래떡 기계)가 있다. 이 체제가 완성된 것은 2000년대 초반이었다. 이후 각종 기계로 채워진 공장 체제는 유지되면서 기계가 고장나면 새것으로 바꾸기를 거듭했다. 그래서 현재 공장에 있는 기계들은 2~3번 바꾼 것이다. 가장 오래된 기계가 2000년에 구매한 개피떡 기계이고 가장 최근에 구매한 기계가 2018년에 구매한 방아 기계와 성형기(송편 기계)다.

낙원떡집 공장에서 현재 쓰이는 기계 목록

기계 명	구입 시기 / 구입처
방아 기계	2011.6 신풍정공 / 2012.8 신풍정공 / 2015.2 대풍 / 2018.10 신풍정공
성형기(송편 기계)	2004.11 신풍정공 / 2005.7 신풍정공 / 2018.6 신풍정공
펀치식 절구	2004.11 신풍정공 / 2005.7 신풍정공 / 2018.6 신풍정공
제병기(절편·가래떡 기계)	2004 신풍정공
포장 기계	2007.10 천일기계공
개피떡 기계	2000 신풍 또는 경창
보일러	2009 대성보일러 / 2012 대성보일러 / 2015 대성보일러 / 2018 대성보일러

벨트식 방아 기계

현재 낙원떡집에 있는 기계들의 체계가 잡힌 건 2000년대 초반이었어요. 그 뒤로 별다른 변동 없이 고장나면 고치고 고치다가 아예 못 쓰면 새로운 제품을 들여왔어요. 우리랑 거래한 거래처로는 신풍, 경창, 삼우가 있어요. 신풍 쪽 기계가 많은 이유는 기계가 고장 나면 당장 내일 써야 하는데 신풍이 출장 수리 서비스가 빨라서 기계 대부분을 신풍에서 구매했기 때문이에요.

기계는 보통 10년 정도 쓰는데 바꾸는 이유는 하나밖에 없어요. 기계는 모터가 생명이다 보니까 모터를 바꾸는 데 100만 원 이러면 새로 하나를 사는 식이에요. 그래서 현재 적혀 있는 기계들은 2~3세대예요.

김승모(남, 1971년생), 2020. 6. 6. 조사.

낙원떡공장의 기계는 크게 두 가지로 분류할 수 있다. 떡 제작의 기초 공정을 담당하는 기계와 떡 제작 및 제작 후 공정을 담당하는 기계이다. 떡 제작의 기초 공정을 담당하는 기계는 방아 기계와 펀치식 절구이다. 방아 기계가 낙원떡집으로 들어오면서 방앗간으로 왕래하며 쌀을 제분하는 수고를 덜게 됐다. 펀치식 절구가 사람이 떡 반죽을 수작업으로 하던 작업을 대체하면서 떡의 대량생산을 가능하게 했다. 방아 기계와 펀치식 절구는 1980년대 후반부터 낙원떡집에 들어왔다. 이후 벨트식 방아 기계가 롤러식 방아 기계로 간소화되거나 반자동이던 기계식 돌절구가 현재의 펀치식 절구로 발전되는 등 세대 교체를 거듭했다.

떡 제작과 제작 후 공정을 담당하는 기계는 성형기(송편 기계)와 포장 기계이다. 1990년 초 성형기가 낙원떡집으로 들어왔다. 당시 우리나라에 보급된 떡 기계는 일본 기계를 모티브로 제작됐는데 송편은 우리의 고유 떡이기 때문에 기계 보급이 늦었다.[42] 그래서 초창기의 성형기는 조잡한 모양새를 하고 있었다. 그러나 성형기 보급으로 떡의 생산 속도를 대폭 상승시켰다.

42 송편과 비교하면 일본 떡인 찹쌀떡의 기계 보급은 빨리 이루어졌다. 그 사례는 종로 2가에 있는 종로복떡방에서 찾을 수 있다. 종로복떡방 창업주는 1965년에 일본에서 찹쌀떡 기계 설비를 국내로 들여와 종로복떡방을 창업했다.(조진희, 종로복떡방 3대, 남, 1984년생, 2020.10.15. 조사.)

1990년께 초창기의 성형기는 떡이 완성되면 벨트에 있는 떡을 철사로 쳐서 배출하는 형식이었어요. 근데 떡 모양이 가지각색이니까 철사가 중간을 못 쳐서 엉뚱한 곳으로 떡이 튀기도 했어요. 당시 송편 성형기가 그렇게 조잡한 이유가 있었어요. 떡 기계가 주로 일본에서 개발한 기계를 모티브로 개발하는데 송편은 우리 고유 떡이다 보니 성형기(송편 기계)가 모찌류 성형기보다 훨씬 늦게 나왔어요.

성형기(송편 기계)는 가장 놀란 기계예요. 완전 자동화는 아니지만 절편을 넣어 주면 떡이 완성되니까요. 성형기(송편 기계)가 우리 집에 처음 들어 온 것이 30년 조금 됐는데 정말 놀랐어요.

김승모(남, 1971년생), 2020. 8. 31. 조사.

포장 기계는 2007년에 낙원떡집으로 들어왔다. 그 이후 지금까지 사용하고 있다. 포장 기계는 이미 2002년에 보급되고 있었다. 당시 낙원떡집은 수작업으로 떡을 포장해서 소비자에게 판매했다. 그러나 2004년 이후 노련한 기술자들이 은퇴하면서 포장 기계를 준비하게 됐다.

포장기는 우리가 2007년에 들이기 전인 2002년에 이미 시중에 있었어요. 근데 우리는 떡을 잘 싸는 두 분이 계셔서 기계가 필요 없었어요. 당시는 발포(PE) 포장재로 떡을 싸서 테이프로 붙였어요. 2004년 이후 우리 떡집에서 일하는 기술자들이 은퇴하다 보니 그 전에 하던 분들만큼 포장 일을 잘하는 사람이 없어지면서 포장기를 사게 됐어요.

김승모(남, 1971년생), 2020. 8. 31. 조사.

포장 기계로 낱개 떡 포장

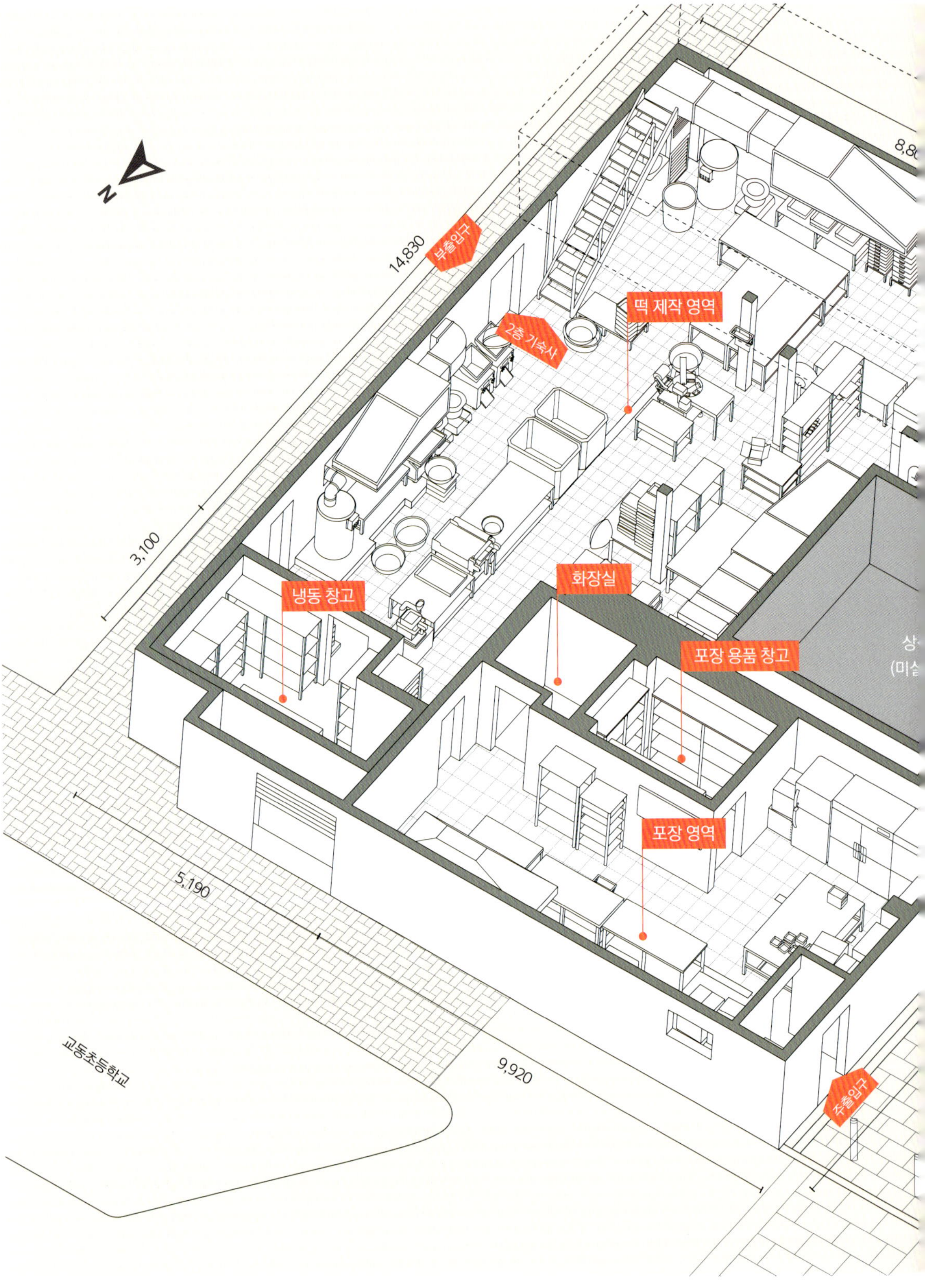
부출입구
14,830
3,100
5,190
9,920
2층 기숙사
떡 제작 영역
냉동 창고
화장실
포장 용품 창고
포장 영역
주출입구
교동초등학교

낙원떡공장(삼일대로 444-1)

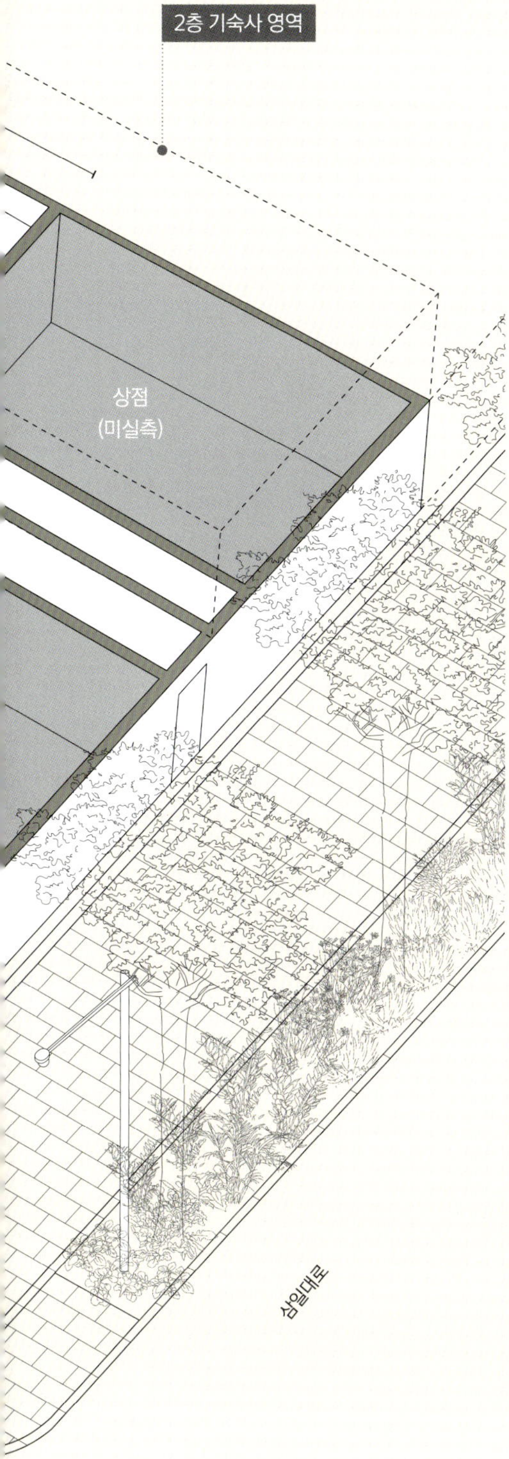

1 제작 영역 모습
3번지 건축물의 흔적인 기둥 세 개가 보인다.

2 포장 영역 모습
후드와 트렌치가 남아 있으나 현재는 포장 및 경리 업무 공간으로 사용한다.

원조
낙원떡집
공장
낙원떡집
행사떡.돌.백일.신행떡
원조
낙원떡집
행사떡·돌·백일·신행떡 T.741-6691~2·732-5579
444-1
아구일번지
아구찜·탕
해물탕
이화문고
서예전문서적
이화문고
서예전문서적
골목안쪽
아구일번지
02-763-5819
골목안쪽

1

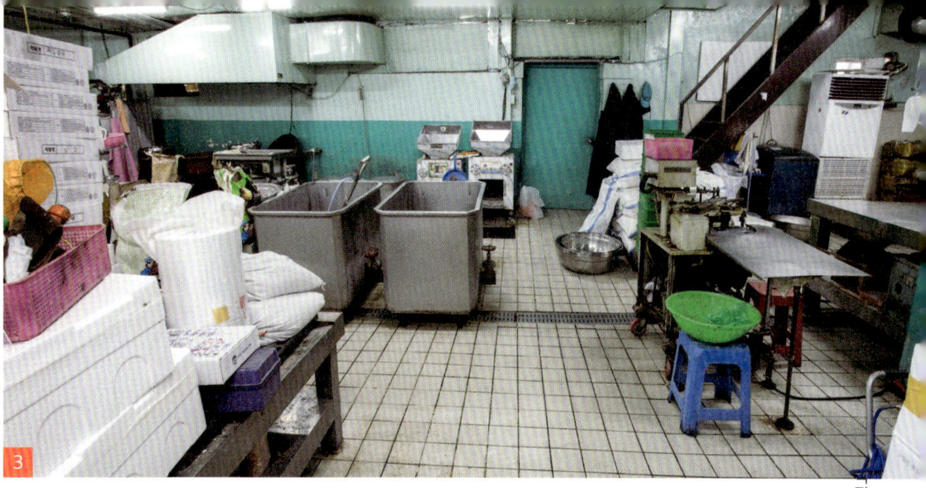

1 낙원떡공장 외부
2 낙원떡공장 내부(송편 기계)
3 낙원떡공장 내부(쌀통, 포장 기계)
4 낙원떡공장 내부(본점 영역)
5 배달용 오토바이
6 낙원떡공장 내부(포장 영역)
7 냉동 창고 내부

3-4 낙원떡집의 백년 손님

지금의 낙원떡집을 있게 하는 건 오래된 단골 손님들이 있기 때문이다. 매일 저녁 식사를 대신해 인절미를 한 팩씩 구입하러 오는 택시기사가 있는가 하면 청와대와 정·재계에 이르기까지 낙원떡집에 담긴 서울 사람 들의 기억은 다양하다. 그들은 낙원떡집과 100여 년의 세월을 함께 보내며 개인 일생의 한 순간을 추억하고, 낙원동을 기억하고 있다.

막 병원에서 돌아가실 것 같은데도 (할아버지가) 낙원떡집 떡을 먹고 싶다(하고), 백일떡 해 가신 분이(커서) 결혼 떡 해 가지시는 분도 있어요. 그 정도로 우리 떡집을 사랑해 주시고 많이 찾으니까 쉴래야 쉴 수도 없고, 버릴래야 버릴 수도 없었어요.

이광순

매년 여기서(명절)선물을 해 간지 30년 되었어요. 여기 떡이 제일 맛있더라고요.
매년 쪽방 노인들 봉사하려고 여기서 송편을 10kg 사서 나누는 종교인이에요.
여수로 발령나서 갔다가 서울에 온 김에 들렀어요. 남해에서도 이 쑥떡이 덜 맛있더라고요. 내년에 또 올게요.

낙원떡집 추석 참여관찰 2020. 9.2 8.~2020. 10. 1. 조사.

이승만 대통령을 비롯해 박정희, 전두환, 노태우, 김영삼, 김대중, 노무현 대통령으로 이어지는 60여 년간 청와대에서 주문하는 떡은 대부분 낙원떡집에서 도맡았다. 하지만 청와대에서 주문한 떡이라고 특별대접은 없었다. 청와대에서는 대통령의 생일 때면 항상 떡을 맞추러 왔기 때문에 이광순 사장은 역대 대통령들의 생일을 전부 기억하고 있다.

이승만 대통령은 개피떡과 인절미를 좋아했다. 박정희 대통령은 인절미를 즐겼다. 전두환 대통령 재임 시절에 청와대에서 주문한 떡이 가장 많았다. 추석 때면 달동네인 봉천동 등의 저소득층에게 떡을 돌리기 위해 1.5톤 트럭 5~6대 분량의 떡을 주문했다. 그래서 이때만 되면 낙원떡집 사람들은 며칠 밤을 새워가며 작업을 하기 일쑤였다. 또 그 당시에는 중앙정보부에서 붉은 팥으로 만든 시루떡인 고사떡을 많이 주문했다.

노태우 대통령 시절에는 청와대 방문객들에게 낙원떡집에서 제작한 떡을 나누어 주기도 했다.[43] 노태우 전 대통령은 백설기를 좋아해 퇴임 후에도 종종 백설기를 주문해 갔다. 김영삼·김대중 대통령은 인절미를 즐겼다. 김영삼 대통령은 생일 때마다 인절미를 자택이 있는 상도동으로 보냈다. 노무현 대통령은 종로구 의원을 했을 때부터 인연이 있었으며, 약식과 인절미를 좋아했다. 노무현 대통령은 취임식 때 쓸 떡을 주문했지만 대구 지하철 참사가 나는 바람에 떡을 쓰지 못하기도 했다. 이명박 대통령과 김윤옥 여사도 낙원떡집 단골이었다. 이명박 대통령은 찰시루떡을, 김윤옥 여사는 영양떡을 즐겨 먹었다. 이명박 대통령은 취임 1주년 기념으로 청와대 직원과 여당 당직자에게 감사 인사를 위해 낙원떡집에서 만든 떡을 청와대 선물 상자에 담아 돌리기도 했다.

어머니는 청와대에서 주문하는 떡이라고 특별히 다르게 만든 적은 없었어요. 이승만 전 대통령 생일은 3월 26일, 김영삼 전 대통령 생일은 12월 20일…. 노태우 전 대통령 생일은 12월 4일이에요. 그분은 백설기를 정말 좋아하셨어요. 대통령 퇴임 후에도 종종 백설기를 찾곤 하셨어요. 이명박 전 대통령은 대통령 당선일, 생일, 결혼기념일이 날짜가 같아요. (청와대에서 오면) 청와대라고 말을 잘 안 해요. 이쯤 되면 오겠거니 하는데 기가 막히게 날짜가 되면 생일떡을 주문하러 오더라고요.
이승만 전 대통령은 생일떡을 많이 했어요. 그래서 똑똑히 기억나요. 워낙 옛날 분이라서 상자에 바람떡하고 인절미를 얌전히 정리해서 가져갔어요. 이 전 대통령 아들과 며느님이 자주 들렀어요.

전두환 전 대통령 때 떡을 가장 많이 주문했어요. 세월이 워낙 좋은 때라, 남산하고 이문동 중앙정보부에서 고사를 잘 지냈나봐요. 빨간 시루떡을 엄청 해 갔어요. 전두환 대통령이 시켰는지 아랫사람들이 시켰는지 모르겠는데… 청와대에서도 고사를 곧잘 지내는 경우가 많아서 시루떡을 많이 사 갔어요. 전 전 대통령이 떡을 주문할 때는 양복을 곱게 차려 입은 사람들이 왔었어요. 그런데 필요한 떡을 말한 뒤에 말을 한마디도 안 하고 서 있더라고요. 구겨진 돈이 아니고 언제나 빳빳한 돈을 가져오고 새벽에 왔어요. 어떤 때는 떡을 만들 때 검시관처럼 한 사람이 하루 종일 지키고 서 있다가 가기도 했어요.

43 청와대는 1988년 6월 25일 전국의 시·군·구청을 통해 접수한 청와대 방문 신청자 5,000명에게 청와대 경내를 공개했다.

노무현 대통령 취임식 떡을 많이 해 가려고 했는데 갑자기 대구지하철 참사가 일어나서 난리가 났지 뭐예요. 쌀을 전부 준비해 뒀는데 그래서 떡을 쓰지 못했어요.
이런 봉황 무늬는 아무나 못 쓴대요. 이런 상자를 만들고 싶어도 우리는 못 만든다더라고요. 청와대에서 미리 상자를 맞춰다 가져다 주고, 우리는 원하는 양을 만들어 포장해 줬어요. 이 전 대통령과 김 여사는 행사가 있을 때마다 꼭 우리집을 찾았어요.

이광순

낙원떡집에는 정·재계나 연예인 단골도 많다. 김종필 전 총리는 주로 백설기를 주문했다. 생일 때마다 3단 떡케이크를 맞췄는데 건강 때문에 설탕이 안 들어간 백설기를 제작했다. 이회창 전 총리는 인절미와 개피떡을 좋아했다. 그는 자신의 생일은 물론 자녀 결혼식 때도 낙원떡집에서 떡을 맞췄다. 현대그룹 변중석 여사는 사찰에 불공을 드리러 갈 때면 낙원떡집의 떡을 챙겨 갔다. 여의도 LG 쌍둥이빌딩 기공식 때도 이곳에서 만든 고사떡이 쓰였다. 삼성건설이나 SK건설 등의 경우 재개발 · 재건축 시공사업을 따내기 위해 주민들에게 선물할 떡을 맞췄다. 종로3가에 '송해길'이 있을 정도로 낙원동 일대에 큰 영향

이명박 전 대통령 주문 당시 상자를 내보이는 이광순

력을 미치고 있는 방송인 송해도 낙원떡집의 오래된 손님이다. 이 밖에도 아나운서 전영욱, 손석희, 허진도 이곳을 찾았다.

음식은 정성이라고 그러잖아요. 언제 먹어 봐도 변치 않는 맛. 꼭 여기 떡을 사다가 낮 한때, 간식을 떡으로 좀 넘겨 봐라. 그러면 다 좋아라 그래요.

방송인 송해

당시 부자이던 서주우유, 파친코 대부 정덕진이 단골이었어요. 정덕진은 당시 파친코 사업 하려고 호텔을 몇 개 가지고 있었는데 그 집 할머니가 불교를 믿으셔서 호텔을 여는 날마다 고사를 지냈어요. 근데 가지고 있던 호텔이 열 몇 개니까 매달 고사를 지내서 우리 집 단골이 되었어요.

이광순

4-1 낙원동 새해둥이의 낙원떡집 계승

4-2 낙원동 떡전거리의 쇠퇴와 떡 산업의 변화

4-3 낙원떡집의 새 얼굴 인사동점

4

낙원떡집의 새바람 : 4代 김승모

2020

제가 1971년 1월 1일생이에요. 제가 태어날 때 어머니가 (신정) 대목이라 떡 만드시다가 절 낳으러 가셨대요. 어렸을 때부터 떡을 만드는 일이 제 생활 옆에 있었어요. 중·고등학생 때 일이 쌓여 있으니 어쩔 수 없이 떡을 만들어야 했어요. 낙원아파트에 살 때는(떡집에) 창고 같은 것도 없어서 떡이 집에 쌓여 있었어요. 떡 때문에 잘 공간도 없이 2박 3일 동안 밤 새우면서 떡을 만든 적도 있어요.

김승모(남, 1971년생), 2020. 3. 16. 조사.

4-1 낙원동 새해둥이의 낙원떡집 계승

김승모는 이광순의 장남으로, 1971년 1월 1일 떡집에서 떡을 만들다가 태어난 새해둥이다. 그는 교동초등학교와 중앙 중·고등학교를 졸업하고 서울대학교 체육교육과에서 공부했다. 사는 곳은 여러 번 바뀌었지만 낙원동 일대에 있는 학교에서 학창 시절을 전부 보냈다. 떡집을 운영하는 부모님 밑에서 자란다는 것은 늘 떡과 함께 생활하는 것과 같았다. 떡집 공간이 부족해서 집 안에도 언제나 떡이 가득했고, 명절이면 고사리손까지 보태 떡을 만들어야 했다. 대학 졸업 후에는 직장 생활을 했지만 2004년부터 가업 단절을 막고자 하는 사명감으로 낙원떡집 운영에 참여했다.

어머니가 편한 일을 하라고 하셨지만 굳이 (떡집을) 맡게 된 건 항상 떡이 제 옆에 있기도 했고, '운명이다.' 생각하고 받아들인 거예요. 지금 제가 떡집을 운영하는 건 큰돈을 벌겠다는 것보다 원조집이라는 자긍심을 가지고 가업을 이어가 보자, 조금 더 잘해 보자는 생각으로 장사하고 있어요. 제가 떡 일에 참여하게 된 것은 제가 하지 않으면 가업이 끊길 것 같은 생각이 들었기 때문이에요.

김승모(남, 1971년생), 2020. 5. 8. 조사.

인터뷰 중인 김승모와 조사자

4-2 낙원동 떡전거리의 쇠퇴와 떡 산업의 변화

낙원동 떡전거리의 쇠퇴와 상권 살리기 운동

2004년 김승모가 낙원떡집 운영에 참여할 당시 낙원동 떡전거리는 이미 예전의 명성을 잃고 있었다. 1960년대 말에 시작된 강남 개발 사업은 1980년에 들어서면서 대규모 개발 방식에 의한 택지 개발이 거의 마무리됐다. 그렇게 1980년대부터 강북 인구의 강남 이동이 본격화됐다. 그때 낙원동의 주 고객층이던 북촌 사람들도 강남으로 대거 이주하면서 낙원동 떡전거리 상권은 점차 축소됐다. 이와 함께 1990년 초부터 6~7년간 지속된 지하철 5호선 공사로 차량과 보행자의 통행이 자유롭지 못해 낙원동 가게들이 하나 둘 문을 닫게 됐다.

이에 종로구는 전통 상권을 살리기 위해 1995년 2월 낙원동 떡전거리를 비롯한 '서울 종로구 명품·명가거리' 10곳을 선정했다.[44] 1999년 10월부터 매주 일요일 오전 10시부터 오후 10시까지 '차 없는 거리'를 운영해 떡전거리에 활력을 주고자 했다. 이러한 노력의 하나로 1999년 10월 17일 '명품악기-떡전거리 문화축제'를 열었다. 이 문화축제에서는 떡집이 집중돼 있는 지역 특징을 살려 떡메치기 대회 등 다양한 문화행사가 열렸다. 한편 낙원동 상인의 자구 노력도 수반됐다. 낙원동상가번영회와 악기상가번영회가 손을 잡고 '낙원동 살리기 운동'을 펼친 것이다. 이때 낙원동상가번영회 회장이던 낙원떡집 김정귀는 "과거에 튼튼하던 낙원동이 잠시 몸살을 앓다가 지금은 서서히 회복하고 있는 단계다. 앞으로 낙원동을 '듣는 거리', '보는 거리', '먹는 거리'로 탈바꿈시켜서 인사동 전통문화의 거리, 관철동 젊음의 거리와 이어질 것"[45]이라고 전망하기도 했다.

떡 카페와 프랜차이즈의 등장

떡 산업은 1990년대 후반부터 2000년대 초까지 미약하지만 꾸준한 성장세를 보이다가 2003년에 이르러 비약적 성장을 했다. 연도별 떡류 제조업 사업체 수 통계에 따르면 2003년 사업체 수가 전년 대비 32%(1만 2,388)

44 경향신문, 1995. 2. 10., "종로지역에 명품거리 10곳 조성"

45 경향신문, 1998. 10. 10., "그때 그시절 '강북의 낙원'을 꿈꾼다 번영회 '낙원동살리기 운동' 추진"

증가한 것을 볼 수 있다. 이는 1990년대 초 패스트푸드 산업이 성장하면서 유행을 이끈 후 트랜스지방 등 간편식에 대한 부정적인 인식이 높아진 반작용과 같은 것이었다. 쌀과 같은 천연식품을 주재료로 하는 떡은 밀가루가 주재료가 되는 패스트푸드에 비해 건강(웰빙) 식품으로 평가받으며 주목받게 된 것이다.

연도별 떡류 제조업 사업체 수[46]

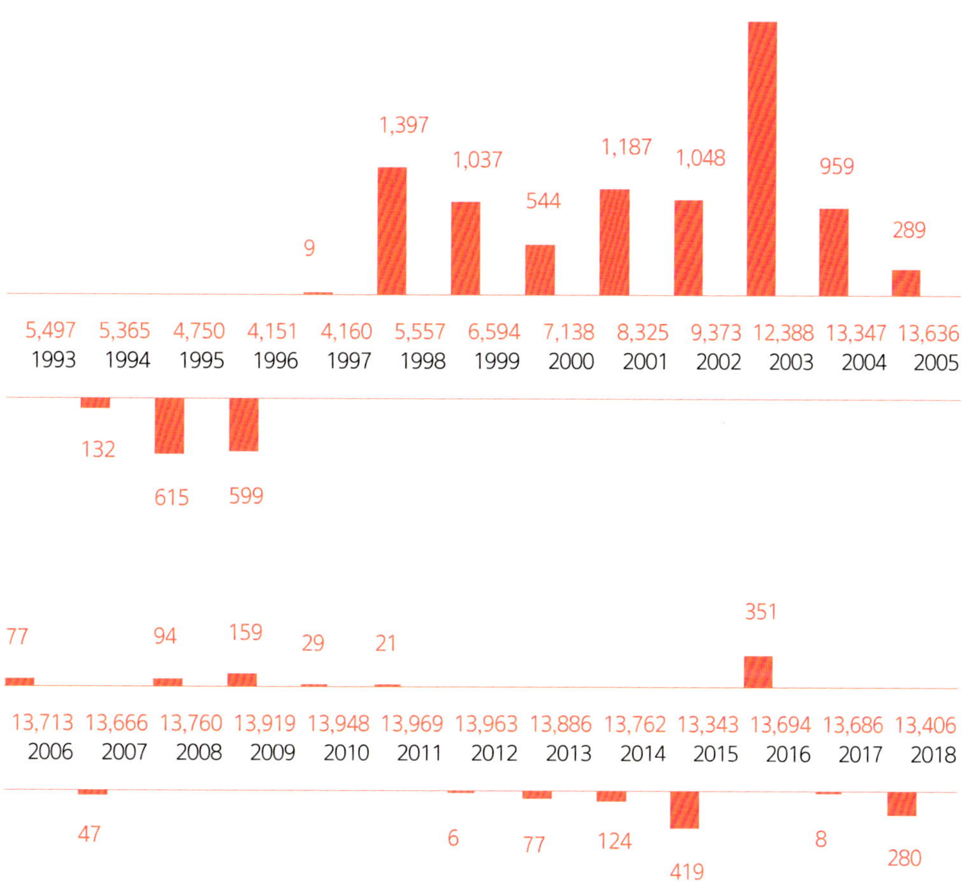

46 본 표의 떡류 제조업 사업체 수는 김옥희의 연구(「우리나라 떡 산업의 현황과 전망」, 『동아시아식생활학회 학술발표대회논문집』, 2008, 50쪽)와 통계청의 전국사업체조사(9차 개정, 10차 개정)를 참고했다. 김옥희의 연구에 따르면 2006년 떡류 제조업 업체 수를 1만 3,725개로 밝혔으나 통계청의 전국사업체 조사 9차 개정에서는 1만 3,713개로 밝히고 있어 통계청 조사를 따랐다. 반면에 통계청에서는 2006년 이후의 떡류 제조업 업체 수를 밝히고 있지 않은 관계로 김옥희의 연구를 따랐다.

2003년의 급격한 떡 산업 성장은 단순한 사업체 수 증가를 나타내는 것이 아니었다. 사업체 수 증가와 함께 전통적인 떡집과 차별화된 떡집이 등장한 것이다. 그 가운데 대표적인 것이 '떡 카페'다. 떡 카페는 현대적인 카페 개념과 전통 떡을 합한 새로운 개념이었다. 기존의 떡집들이 생산과 판매 기능만 있던 것에서 카페 개념을 도입하고 휴게 공간을 함께 제공하는 방식으로 대중에게 다가간 것이다. 그리고 그에 맞춰 외관도 전통적 떡집과 다른 모습을 하게 됐다. 전통적인 떡집은 오래된 시장이나 뒷골목의 상가에 위치해 있어 비위생적인 분위기를 연출하고, 대로변에 위치한 상권에 비해 접근성이 떨어졌다. 이러한 문제점에 착안해 떡 카페는 밝은 조명 아래 손님들이 앉아서 떡을 즐길 수 있는 넓은 공간을 마련했다. 또한 떡을 낱개로 포장해서 음료와 함께 간단히 즐길 수 있게 했다.

떡카페 희동아 엄마다
김희동 제공(www.heedonga.com)

2000년대 초반은 웰빙 열풍과 함께 떡 산업의 가능성을 증명한 시기였다. 떡 카페와 더불어 2003년 '떡보의 하루'를 시작으로 대형 프랜차이즈들이 떡 산업으로 진출하기 시작했다. 대형 자본 프랜차이즈들은 체계적인 떡 연구소와 생산 시설을 갖추고 시장에 진출했다. 그리고 유통망을 확장시키기 위해 공격적인 가맹점 확장에 나섰다. 그 가운데 '빚은'은 2006년에서 2010년까지 가맹점 수 100개,[47] '예다손'은 2009년에서 2010년까지 가맹점 수 50여 개,[48] '떡보의 하루'는 업계 매출 1위로 자리 잡으면서 2011년 기준 가맹점 수 166개를 보유했다.[49]

47 노컷뉴스, 2010. 7. 5., "'빚은' 프랜차이즈, 100호점 나오기까지"
48 서울경제, 2010. 9. 12., "[창업 CEO 인터뷰] 떡 카페 '예다손' 임철한 대표"
49 같은 시기 빚은은 160개, 예다손은 63개로 증가했다.(이투데이, 2011. 5. 19., "[창업] 커피, 차도 함께...'떡카페' 어때요")

빛은

떡보의 하루

대형 프랜차이즈들은 전국 가맹점으로 유통 범위를 늘렸고, 유통기한이 하루 내외인 떡의 약점을 보완했다. 유통체계에서 냉동 생지나 급랭 시스템을 도입한 것이다. 떡의 대량 생산을 기반으로 한 대형 프랜차이즈의 유통 체계는 떡 산업 시장을 재편했다. 대형 프랜차이즈는 냉동 생지를 가맹점에 납품하면 가맹점에서 그것을 찌고 포장한 뒤 진열만 하면 되기 때문에 인건비가 적게 들고 유통기한은 길어졌다. 그리고 택배가 가능해져서 대량 떡 판매도 가능해졌다. 반면에 기존의 영세 떡집은 떡 가공을 전부 인력으로 충당해야 하는 만큼 인건비 문제에서 한계에 부닥치게 됐다. 또 인건비에서 더 나아가 떡 제작 자체에서 오는 구조적 한계로 동네 장사에서 어려움을 맞게 됐다. 이러한 대내외적 상황 속에서 낙원떡집 운영에 참여한 4대 김승모도 떡 산업의 변화를 체감하고 낙원떡집의 변화를 꾀했다.

제가 맡은 이후 인사동점을 열었어요. 인사동에 하나밖에 없는 사거리 모퉁이에 위치해 유동인구가 많아서 자리가 좋았어요. 지금은 쌈지길이라고 상권이 좀 바뀌었지만 좋은 자리예요. 인사동에 사람이 많이 다니니까 홍보용 매장이면서 안테나 매장 역할도 하고 있어요.

김승도(남, 1971년생), 2020. 5. 8. 조사.

4-3 낙원떡집의 새 얼굴 인사동점

낙원떡집의 처음이자 마지막 분점, 인사동점

김승모는 낙원떡집 최초의 분점인 인사동점을 시작으로 새로운 변화의 물꼬를 텄다. 인사동점을 내는 과정에서 낙원떡집 4대 계승자로서 여러 가지 고민과 시도를 풀어냈다. 먼저 분점 위치를 인사동으로 택했다. 인사동점은 본점과 인사동4길을 사이에 두고 200m 거리에 위치해 연계성이 좋고, 인사동에 하나밖에 없는 사거리 모퉁이에 있어서 상권이 좋았다. 오랜 시간 한 자리를 지킨 본점을 기억하는 오랜 단골도 있지만 조금 낯선 낙원동을 벗어나 유동인구가 많은 인사동에 매장이 있는 건 요즘 사람들에게 브랜드 홍보 효과를 누릴 수 있는 이점도 있었다.

인사동 사거리 모퉁이에 자리한 낙원떡집 인사동점

낙원떡집 인사동점(인사동길 25)

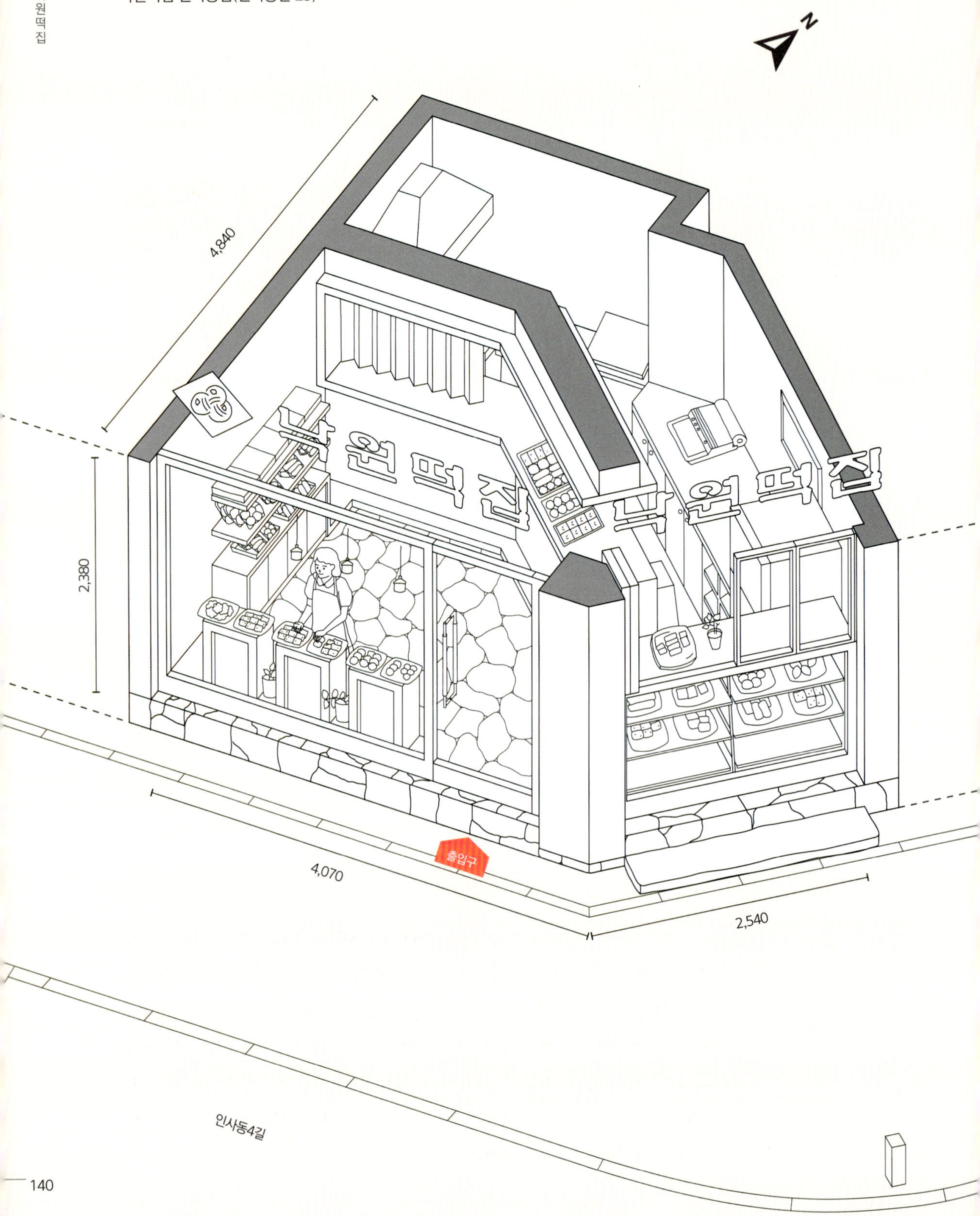

1 낙원떡집 인사동점 내부
2 인사동점에 진열된 다양한 종류의 낱개 떡
3 기호에 따라 떡을 고르는 손님들

특히 인사동은 외국인 관광객과 행락객이 주로 다니는 지역이라는 특성을 살려 판매 방식을 새롭게 도입했다. 낱개 제작·포장이 가능한 떡만으로 상품을 구성해서 테이크아웃으로 판매하는 것이었다. 이러한 판매 방식은 이전의 낙원떡집에서 볼 수 없던 방법이었다. 한입 크기의 낱개 포장을 함으로써 손님이 취향별로 떡을 선택할 수 있고, 떡을 부담 없이 구입해서 간편하게 먹을 수 있게끔 한 것이었다. 김승모의 새로운 도전은 8평 매장에서 한 달 최고 9,000만 원의 매출을 낼 정도로 성공을 거두었다.

인사동점은 '배스킨라빈스 31' 개념으로 오픈했어요. 골라 먹을 수 있도록. 근데 지금은 과거와 달리 떡 종류가 많이 줄었어요. 인삼 같은 경우는 가격이 오르니까 못하게 된 메뉴도 있어요. 직원 수가 주니까 만드는 종류도 줄었고요. 인사동점은 본점과 달리 직원이 두 명밖에 없으니까 직접 썰어서 포장해야 하는 인절미, 시루떡 같은 것은 안 팔아요.

김승모(남, 1971년생), 2020. 6. 6. 조사.

당시 떡 카페라는 개념이 생기기 시작할 때였는데 제 생각으론 카페를 하려면 면적이 넓어야 하니까 그만큼 손익분기점이 높아져서 비효율적이라고 생각했어요. 그래서 테이크아웃 위주로 가게 콘셉트를 잡았고, 8평 매장에서 최고 9,000만 원의 수익을 올렸어요.

김승모(남, 1971년생), 2020. 5. 8. 조사.

1　낙원떡집 인사동점
2　낙원떡집 인사동점 내부

1

1 낙원떡집 인사동점
2 진열된 낱개 떡
3 선물세트를 구성하는 모습
4 낙원떡집 인사동점 내부
5 쑥인절미·현미인절미 진열
6 약과와 한과 진열
7 낙원떡집 인사동점 내부

본점

1　낙원떡집 인사동점
2　낙원떡집 인사동점 내부

1

1　낙원떡집 인사동점
2　진열된 낱개 떡
3　선물세트를 구성하는 모습
4　낙원떡집 인사동점 내부
5　쑥인절미·현미인절미 진열
6　약과와 한과 진열
7　낙원떡집 인사동점 내부

5-1 낙원떡집의 현대화 노력

5-2 원칙의 고수와 타협

5-3 낙원떡집의 미래

5

낙원떡집의 변화와 미래

제가 맡으면서 BI와 CI 작업을 하고, 홍보 목적으로 홈페이지를 만들고, 상표 등록을 정식으로 출원했어요. 상표는 토끼가 방아 찧는 모양이었는데 너무 구시대적이라 생각해서 대를 이어 온 전통떡집의 느낌을 반영하면서 소비자와 우리의 끈끈한 매듭이라는 의미에서 지금의 상표를 만들게 됐어요.

김승모(남, 1971년생), 2020. 5. 8. 조사.

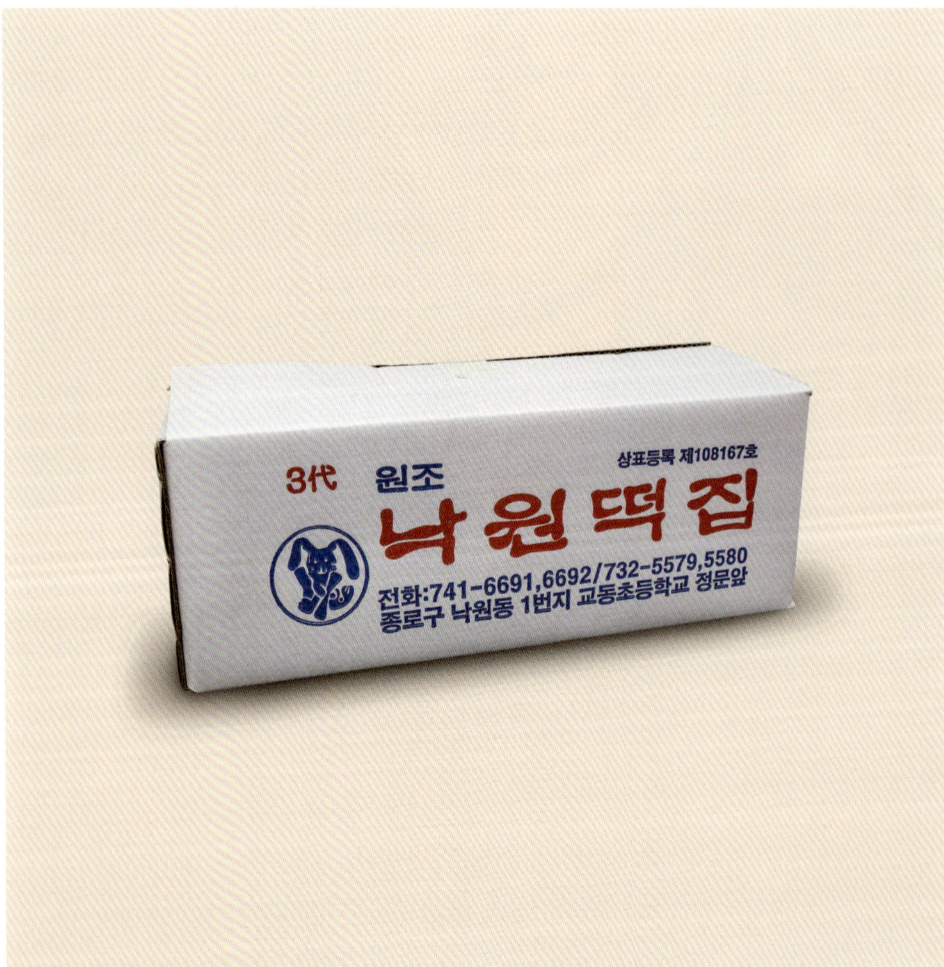

과거 낙원떡집 떡 상자에 새겨진 달 토끼 이미지
달 토끼가 그려진 낙원떡집 주문 떡 상자에는 '3대'와 '원조'가 강조돼 있다.

5-1 낙원떡집의 현대화 노력

새로운 브랜드 이미지(BI) 만들기

낙원떡집은 인사동점을 시작으로 변화를 꾀했다. 그 첫 번째가 낙원떡집의 새로운 BI(Brand Identity), CI(Corporate Identity)를 만드는 것이었다. 2004년까지 3대 운영자인 이광순·김정귀 부부는 '토끼가 절굿공이를 들고 있는 모습'을 낙원떡집 브랜드 이미지로 사용해 왔다. 이는 보름달 속에 사는 토끼가 방아를 찧는다는 한국인의 오래된 믿음을 반영한 것이었다. 4대에 이른 김승모는 그동안 낙원떡집이 '전통'만을 강조하는 이미지였다고 생각해 이를 탈피하고자 새로운 이미지와 서체로 브랜드 이미지를 제작했다. 새로 만들어진 낙원떡집 브랜드 이미지는 전통과 더불어 소비자와의 하나됨을 매듭으로 표현했다. 그리고 이는 주문서, 각종 포장재 등에 일률적으로 적용돼 기업 이미지를 통일했다. 새롭게 제작된 브랜드 작업에는 낙원떡집의 독자성이 "역사와 전통이 살아 숨쉬는 원조 낙원떡집"이라는 문구로 표현돼 있다.

새로 제작한 낙원떡집 브랜드 이미지

1

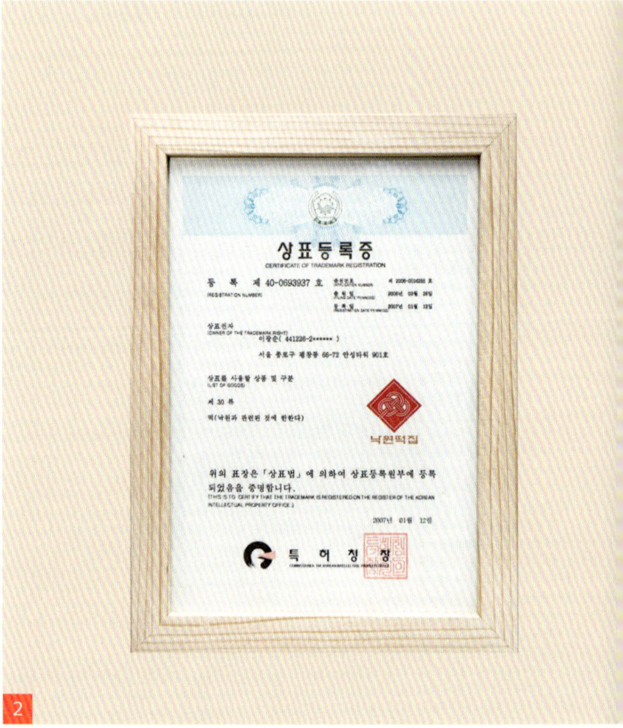

2

3

4

1 선물용 우드록 상자　　2 상표등록증
3 비닐봉투　　4 종이가방

새로운 떡 개발 시도

전통적인 떡 재료에서 벗어나 제과제빵에 쓰이는 재료 등을 활용해 직원들과 새로운 떡 개발을 시도했다. 개발에 참여하는 직원들에게는 제과제빵을 배우는 등 다양한 시도를 할 수 있도록 비용 지원을 아끼지 않았다. 이러한 노력으로 실험적인 떡이 다수 탄생했다. 하지만 개발 과정에서 실패하기도 하고, '전통' 이미지가 강한 떡의 특성상 새로운 시도는 소비자에게 외면받기도 했다. 그때 만들어진 떡 가운데 현재 판매되는 떡은 복분자설기, 포도설기, 백련초 영양떡 등이다.

직원들과 함께 메뉴 개발을 해서 복분자설기라는 성과도 만들어 냈어요. 메뉴 개발은 현재도 진행하고 있지만 소비자들이 떡에 대해 보수적이다 보니까 시루떡, 인절미, 약식과 같은 떡들에 미치지 못해요.

김승모(남, 1971년생), 2020. 5. 8. 조사.

떡 판매 방식의 변화

낙원떡집은 1990년대까지만 해도 말(약 18ℓ) 혹은 무게(㎏) 단위로 떡을 주문·판매했다. 하지만 2000년 들어와 4대 김승모가 운영에 참여하면서 떡 판매 방식에도 변화가 생겼다. 우선 손바닥 크기의 낱개 떡을 판매하기 시작했다. 현재 낙원떡집의 낱개 판매 떡은 각종 설기와 영양떡, 약식, 무지개떡, 쑥인절미, 현미인절미가 있다.

또 소비자 기호에 따라 소량이지만 다양한 떡으로 선물용 세트를 구성하게 했다. 소비 성향이 변화하면서 기존 말 단위의 대량 떡 구매를 손님들이 꺼리기 시작한 것이 계기였다. 선물용 상자는 소·중·대 크기로 1만원에서 10만 원까지 내용 구성에 따라 금액이 다르다.

선물용 떡을 만들게 된 건 한 10년 됐어요. 하나를 사면 골고루 먹을 수 있도록 만들었어요. 그 전에는 떡이 저렇게 구성되지 않았어요. 말 단위로 한 말, 반 말 해서 최소 단위가 반 말이었어요. 근데 지금은 먹는 것도 줄고, 떡을 안 찾으니까 조금씩 골라 먹을 수 있도록 구성한 거예요.

이광순(여, 1944년생), 2020. 8. 5. 조사.

떡 생산 표준화 노력

낙원떡집은 3대 운영자인 이광순이 떡집을 운영하기 시작한 1980년부터 함께해 온 기술자와 직원들이 대다수였다. 하지만 2000년 이후 기존 기술자들이 은퇴나 건강상 이유로 그 자리를 비우게 됐다. 그들을 대체할 젊은 기술자를 찾기는 쉽지 않았다. 그렇게 그들의 기술은 인수인계 과정을 거치지 못했다. 그 때문에 낙원떡집으로서는 오랜 시간 함께 작업하며 낙원떡집만의 떡 제작 기술을 체득한 기술자와 노하우를 함께 잃게 되었다. 그렇게 낙원떡집은 기술자 세대교체가 이루어졌다. 이에 김승모는 낙원떡집 대표 품목의 '제조 방법 설명서'를 만들어서 생산의 표준화를 시도했다. 기술자 변동이 있어도 낙원떡집에서 생산하는 떡의 품질을 유지하기 위한 최소한의 방편이었다. 제조 방법 설명서에는 제품명, 원재료 및 성분비율, 제조방법이 제조 순서와 중요 포인트로 기록돼 있다.

떡집에서 오래 일하신 분이 많았어요. 아쉽게도 전부 다 복기할 수 없지만 대를 이어서 장사하다 보니 떡집을 거쳐 간 사람이 100명은 넘은 것 같아요. 그리고 최근 사이에 나이가 있으시다 보니까 퇴직을 많이 하셨어요. 그렇게 해서 그만두신 분만 다섯 분이에요. 지금은 직원분이 15명 있어요. 공장에 8명과 매장에는 본점에 4명, 분점에 3명 해서 7명이에요. 2004~2005년에 직원이 가장 많았어요. 많을 때는 18~19명이었어요. 부모님 이후 경력이 40년 되는 분들이 나가면서 직원 세대 교체가 이뤄졌어요.

예전에는 노하우가 있는 분이 많았지만 지금은 직원들이 계속 바뀌어서 어쩔 수가 없어요. 옛날에 수제로 만들던 방식처럼 돌아가고 싶지만 현실적인 문제와 타협해야 해요. 쌀 빻는 것도 당일 빻아야 맞지만 그렇게 하면 공장 출근 시간을 더 당겨야 해요.

방아 빻는 걸 잘하시는 분들은 쌀 빻을 때 맞물려 돌아가는 큰 돌의 틈새를 조절하면서 빻으세요. 또 쌀을 불릴 때도 12시간을 똑같이 불린다고 해도 상태는 일정하지 않아요. 쌀 상태에 따라서 달리 빻아야 해요. 빻은 가루는 또 채를 쳐요. 그것도 그냥 하는 것이 아니에요. 두 번(채를) 치는 것도 있고 한 번 치는 것도 있어요. 잘하시는 분은 날에 따라 두 번 치기도 하고 세 번 치기도 해요 그래서 "왜 그래요?" 하고 물어 보면 "그냥 그래야 할 것 같다"고 이야기해요. 떡을 만드는 것이 감이라 연구를 해야 하는데 옛날에 일하던 분들이 나가서 그렇게 하지 못하고 있어요. 그래서 레시피를 만들었어요. 레시피를 통해 최소한의 기준을 정하는 등 떡의 품질을 유지하기 위해 노력하고 있어요.

김승모(남, 1971년생), 2020. 3. 16. 조사.

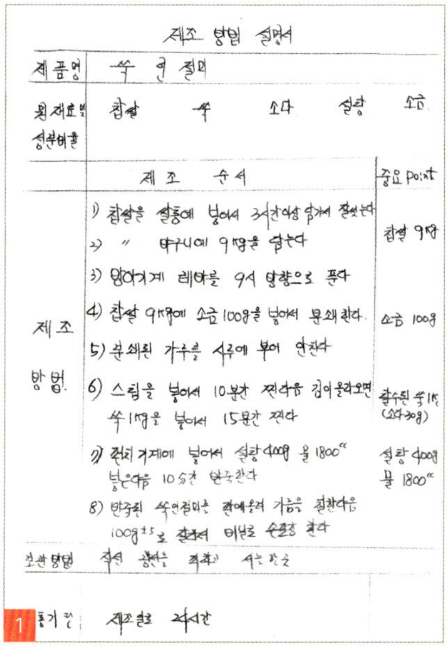

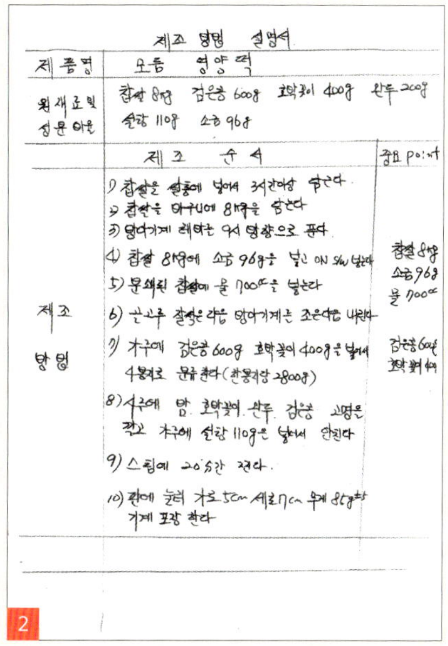

1 쑥인절미 제조 방법 설명서
2 모듬 영양떡 제조방법 설명서
3 현미인절미 제조방법 설명서

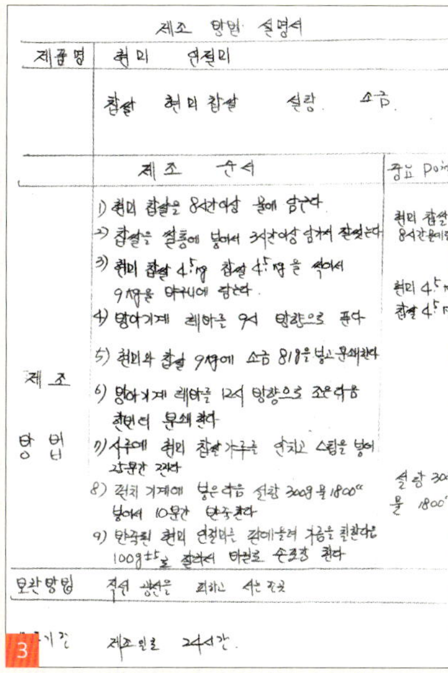

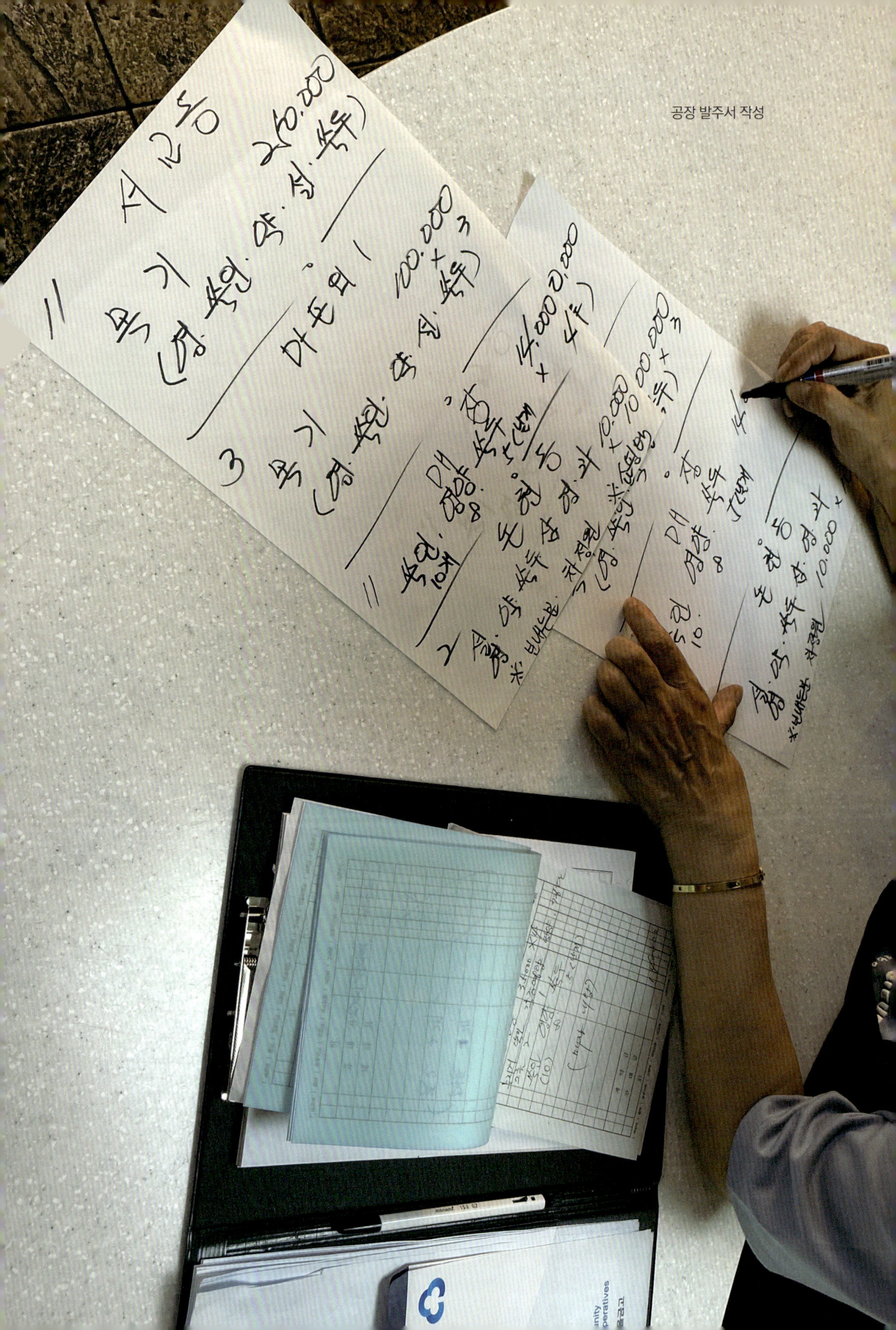

공장 발주서 작성

주문 표준화

낙원떡집은 1980년부터 지금까지 방문 혹은 전화로 떡 주문을 받고 있다. 이렇게 들어온 주문은 노트에 수기로 작성하고, 동일 내용을 A4 용지에 옮겨 적어서 공장 칠판에 붙여 놓고 주문 상황을 공유한다. 수기로 진행되는 주문 방식 특성상 중간에 주문이 빠지거나 내용 전달이 잘못되는 상황이 왕왕 벌어지곤 했다. 그런 까닭에 2000년대 초반에 김승모가 낙원떡집 운영에 참여하면서 주문을 전산으로 관리하고자 했다. 하지만 수기 주문서 작성에 익숙한 직원들의 반대에 부닥쳤다. 결국 절충안으로 기존의 노트 기록이 아닌 표준화된 낙원떡집 전용 주문서를 만듦으로써 주문 체계가 이전보다는 정확하고 편리하도록 개선했다.

낙원떡집 떡 주문 계산·예약서는 주문자 정보에 해당하는 계약일시, 납품일시, 주소, 전화번호를 상단에 적는다. 하단 표에는 주문하는 떡의 종류와 수량, 단가를 기재해서 계약금과 잔금을 적을 수 있도록 항목이 구성돼 있다. 한 건의 계산·예약서는 흰색, 노란색, 파란색의 3종으로 구성돼 본점·공장·손님이 동일한 내용을 1장씩 관리하도록 했다.

직원들이 주문 받을 때 한 장 쓰고 옮겨 쓰니 틀리니까 내가 직원한테 노트북을 주면서 고객관리 프로그램으로 하라고 했어요. 근데 못하겠다고 하셔서 주문서를 만들었어요. 주문서 하나는 손님 드리고, 공장과 매장에도 1장씩 가지고 있도록 2000년대에 만들었죠.

김승모(남, 1971년생), 2020. 9. 16. 조사.

계산/예약서

202 年 月 日 時

202 年 月 日 時 am. pm.

貴下

下記와 如히 계산/예약 합니다.

住所:

電話:

●등록상표 제108167호

역사와 전통이 살아숨쉬는 원조 낙원떡집 —

낙원떡집

서울시 종로구 낙원동 1번지

(교동초등학교 정문앞)

TEL:732-5579~5580

741-6691~6692

FAX:765-6691

月	日	品名	數量	單價	金額
		계약금			
		잔대금			
		計			

| 백일떡 | 돌떡 | 결혼식떡 | 신행떡 | 폐백전문 | 회갑떡 | 고사떡 | 각종연회떡 | 개업떡 | 모밀국수 |

떡 주문 계산·예약서

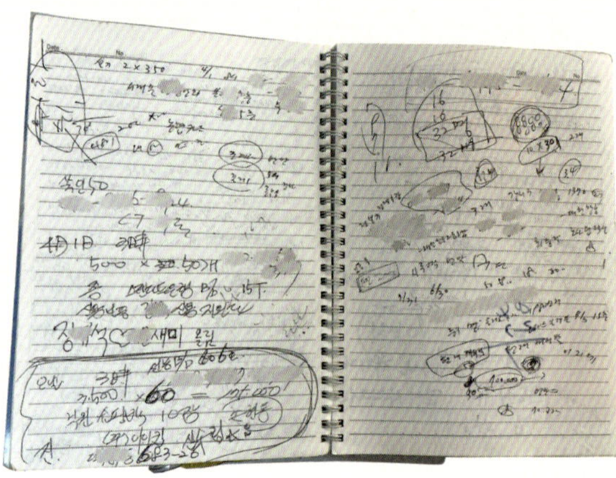

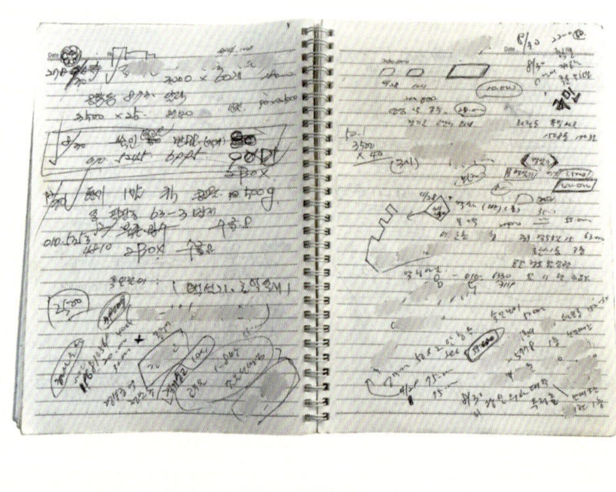

수기 장부

주문서에 따른 맞춤떡 포장

음식이란 게 각자 노하우가 있는 것 같아요. 되게 특별한 노하우보다도 우리가 과연 재료를 성의 있게 대하느냐, 그게 더 커요. 특별한 거 없이 똑같은 도구 쓰고 똑같은 시루 써요. 근데 과연 재료를 어떤 식으로 사용하느냐 하는 거예요. 만들 때 채를 한 번 더 치느냐, 빵가루를 채에 또 치고 또 치느냐와 같은 성의거든요. 채에도 굵기가 있어요. 떡에 따라 다르게 쳐야 해요. 설기도 똑같이 치는 게 아니에요. 무지개떡은 더 고운 채에 치고, 쑥설기는 더 거칠게 쳐요. 이런 정성에서 맛이 나오는 것 같아요.

김순모(남, 1971년생), 2020. 3. 16. 조사.

5-2 원칙의 고수와 타협

4대째 이어 가는 낙원떡집은 아쉽게도 100여 년 역사를 고스란히 간직하고 있지 않다. 도심 재개발과 함께 낙원떡집은 낙원동에서만 여섯 번 자리를 옮겼다. 그 과정에서 1대 고이뻐부터 사용해 온 무쇠 칼, 나무 도마, 옹기 시루와 같은 오래된 도구는 어렵고 힘든 지난날과 함께 버렸다. 그 자리를 플라스틱 스크레이퍼, 스테인리스강 시루와 같은, 가볍고 편리한 도구들이 채우고 있다. 밤, 대추, 팥, 콩과 같은 재료는 동대문시장에서 사다가 직접 씻고, 빻고, 졸여서 준비했지만 이제는 많은 부분이 가공된 재료를 재료상을 통해 공급받는다. 매일같이 몇 번이고 돌절구에 치대던 고된 떡 반죽도 펀치식 절구가 대신해 주게 됐고, 밤새 졸음을 참아 가며 하나씩 손으로 빚던 송편도 성형기를 통해 금세 만들어 낸다. 도시화와 떡 산업 변화 등이 만들어 낸 시간의 순응 속에서도 낙원떡집은 그만의 원칙을 고수해 나가고 있다. 그것은 매우 기초적이지만 지켜지기 어려운 '당일 생산 당일 판매' 원칙이다.

우리 낙원떡집의 자부심은 직접 생산이라 할 수 있어요. 현재 많은 떡집이 인력, 공간, 대량 떡이라는 사업 전략 때문에 냉동 떡을 생산해 현장에서는 쪄 내기만 해서 판매하지만 우리는 매일 직접 생산해 당일 판매한다는 자부심이 있어요.

김승모(남, 1971년생), 2020. 5. 8. 조사.

김승모는 표준화한 도구, 똑같은 공장에서 만들어 낸 시루를 사용하더라도 떡을 대하는 자세와 정성이 그 맛을 좌우한다고 믿는다. 그가 생각하는 낙원떡집 떡에 대한 철학은 김인동과 이광순이 지켜 온 "떡은 정성을 들인 만큼 맛을 낸다."라는 고이뻐의 뜻을 여전히 이어 오고 있다.

국산 재료가 비싸서 더러는 못 쓰는 때도 있지만 최대한 좋은 재료를 써서 좋은 품질을 내려고 노력하고 있어요. 재료의 경우 예전 방식을 고수해서 모두 가공해 사용하는 건 현실적인 문제가 있어 재료상으로부터 받아 쓰고 있어요.

김승모(남, 1971년생), 2020. 5. 8. 조사.

하지만 낙원떡집이 자부하는 직접 생산 원칙의 고수는 점차 어려워지고 있다. 김승모는 낙원떡집 전통을 유지하기 위해 현실과의 타협점을 찾아가고 있다. 현재 사업 체제 방향을 호원당, 비원떡집이 추구하는 고급 떡과 종로복떡방이 추구하는 대량생산 떡의 중간점으로 유지하는 것이다. 소비자에게는 부담을 느낄 수 있는 비싼 고급 떡도 낙원떡집이 추구하는 바가 아니다. 맛을 보장할 수 없는 저가의 냉동 떡도 대안이 되지 않았다. 낙원떡집은 100년 전통 떡집이라기엔 특별하지 않을 수 있지만 대중적인 떡으로 더 많은 소비자에게 우리 떡을 전달하기로 했다.

요즘은 온라인이 대세이지만 제가 냉동 떡을 해서 연화제 같은 첨가물을 넣지 않는 한 온라인 사업은 할 수가 없어요. 방법은 퀵서비스밖에 없는데 그러면 떡 단가가 올라가서 누가 사겠어요. 호원당 같은 고급 떡집이랑 종로복떡방 같이 기업화하는 떡집이 있는데 저희는 그 중간쯤을 택해서 대중적으로 가고 있어요.

김승모(남, 1971년생), 2020. 3. 16. 조사.

대중적인 가격의 다양한 떡을 만들기 위해 복잡한 공정을 최소한으로 단순화했다. 그 과정에서 두텁떡, 단자, 경단과 같은 낙원떡집의 전통 떡들이 사라졌다. 또한 행사에서 떡을 사용하지 않고 유행도 변함에 따라 꿀떡, 꼬리절편, 주악, 쑥굴리와 같은 떡들이 사라졌다. 현재 낙원떡집에서는 두텁떡, 경단, 증편, 찹쌀떡을 외부 떡공장에서 납품받아 판매하고 있다.

주악은 회갑이나 칠순 잔치 때 꼭 쓰던 떡이었어요. 우리 낙원떡집은 갖은편 고임상 위에 주악을 웃기로 올려서 사용했어요. 근데 2010년 이후로 행사에 고임상을 안 하게 되니까 안 만들게 됐어요. 단자는 주문용으로만 만들어서 각종 잔치 때 나갔어요. 떡 공정이 까다롭다 보니 비싸고, 먹는 사람도 없어요. 옛날 사람들은 찾긴 해도 만들어 놓으면 팔리지 않으니까 만들지 않게 됐어요. 꼬리절편은 주로 결혼식을 비롯한 잔치 때 쓰던 떡이에요. 꼬리절편은 고임상으로 쌓이는 떡들의 웃기로 사용했어요. 꿀떡은 주로 아기 돌 같은 행사에서 많이 해 갔어요. 행사에서 꿀떡을 쓸 때는 다른 떡들과 마찬가지로 고임상 전용 접시에 쌓아서 나갔어요. 꿀떡은 3~4년 전만 해도 만들었는데 요새는 단것을 안 먹으니까 사람들이 찾질 않아서 그만하게 됐어요. 쑥굴리는 쑥을 첨가한 인절미에 거피팥으로 앙금을 낸 것을 양 끝에 붙여서 만들었어요. 과거 행사 때나 결혼식 때 참 많이 팔렸는데 요즘은 안 먹으니까 안 만들게 됐어요

이광순(여, 1944년생), 2020. 8. 5. 조사.

두텁떡도 저게(지금 우리가 판매하는 모양이) 아니라 손으로 뭉쳐서 계피를 묻혀야 하는데…. 옛날에 손으로 했지만(지금은) 못 만들죠. 아쉽지만 가격을 올려 받아야 하는데 소비자들은 그렇게 돈을 주진 않으니까. 그러다 보니 새로운 기술자는 만드는 방법을 모르게 돼 못 만들고….

김승모(남, 1971년생), 2020. 9. 16. 조사.

찹쌀떡은 어머니 때부터 납품을 받았어요. 증편은 발효해야 되니까 아주 큰 발효기가 있어야 하고, 찹쌀떡도 역시 반죽기가 필요해요. 이 두 떡을 위해 공정과 반죽기를 늘릴 필요가 없다고 생각해서 납품 받고 있어요.

김승모(남, 1971년생), 2020. 5. 8. 조사.

옛날에 손으로 만들던 방식처럼 돌아가고 싶지만 현실적인 문제와 타협해야 해요. 쌀 빻는 것도 당일 빻아야 맞지만 그렇게 하면 공장 출근 시간을 더 앞당겨야 해요. 그래서 어쩔 수 없이 가루를 사흘 치(미리) 빻아서 냉동 창고에 보관해요.

김승모(남, 1971년생), 2020. 3. 16. 조사.

5-3 낙원떡집의 미래

특별식에서 일상식으로 떡의 변화

낙원떡집은 4대 김승모의 합류로 많은 변화가 있었다. 이 같은 변화는 비단 판매 방식과 공간의 변화에 국한된 것이 아니었다. 떡의 근본적인 인식 변화가 필요하다고 느끼게 된 것이다. 그동안 우리 문화에서 떡은 특별한 날에 먹는 음식이었다. 하지만 이를 누구나 언제든 즐길 수 있는 일상식으로 바꾸어야 한다고 생각한 것이다.

하지만 아직도 우리 사회에서 떡은 행사 위주 음식으로 인식되고 있다. 이러한 인식은 떡집 자체적인 문제이기도 하다. 과거 낙원떡집이 그랬듯 현재도 떡집 대부분이 '백일, 회갑, 칠순, 폐백용, 잔치용, 신행떡, 예단떡' 등을 열거하며 '각종 행사떡'을 주문받는다고 간판이나 홍보물을 제작하고 있기 때문이다. 낙원떡집은 이러한 실태를 경계하며 떡집에서부터 일상식으로써 떡의 인식 변화를 이끌어 나가기 위해 노력하고 있다.

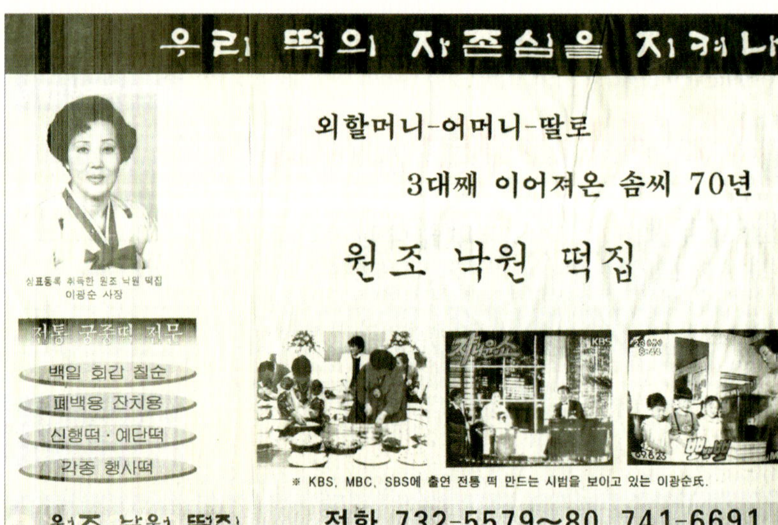

지역 신문에 실린 낙원떡집 광고
백일, 회갑, 칠순과 같은 각종 행사떡 전문점임을 강조하고 있다.

낙원떡집 과거 떡 포장 상자
'맞춤떡 전문' 이라는 문구가 인쇄돼 있다.

떡이 옛날에는 행사 위주였는데 저는 그게 바뀌어야 한다고 생각했어요. 사람들도 요새 행사를 뷔페에서 하니까 떡을 안 드세요. 그래서 저는 떡이 에브리 타임(every time), 에브리 데이(every day) 먹을 수 있는 디저트와 같이 개념이 바뀌어야 한다고 생각해요. 특별한 날에만 먹는 떡 장사는 1980년대 저희 부모님 때였고 요즘 문화는 폐백 같은 의례를 다 생략하니까 바뀌어야 한다고 생각해요.

김승모(남, 1971년생), 2020. 5. 8. 조사.

냉동 떡, 공장 떡이 되지 않기 위한 노력

다양한 변화 시도에도 낙원떡집은 비용, 인력과 같은 떡 사업의 근본적인 한계에 부닥쳤다. 그에 따라 한때는 안전관리인증(HACCP)을 취득하고 서울 근교에 공장을 마련해 대량생산을 준비하기도 했다. 이렇게 떡을 생산할 경우 떡의 대량생산이 가능해지고, 연화제 사용과 급랭 방식을 통해 유통 범위 및 기간을 전국 단위로 확대할 수 있다는 장점이 있기 때문이었다. 하지만 떡은 일반 식품과 달리 매뉴얼에 따라 체계적으로 만들어진다고 하더라도 항상 같은 맛을 낼 수 없다는 사실 또한 알고 있었다. 그날그날의 습도, 쌀의 상태에 따라 들어가는 물의 양이 매일 유동적이고, 떡의 맛이 달라지기 때문이다. 이것은 철저히 만드는 이의 감각과 경험에 의해 조절할 수 있는 것이었다. 이에 낙원떡집은 더 이상의 기계화, 생산 시스템 발전을 거부하고 현 체제를 고수하고 있다.

이제는 떡집이 슬슬 초기 기업화 단계에 들어섰어요. 할머니 때처럼 여자 혼자는 어려워요. 직원, 거래처, 생산량이 점점 더 커지고 있어서 주먹구구 방식은 어려워졌어요. 떡집이 기업화하고 있지만 아주 기업화는 안 될 거예요. 제조업 허가를 받고 장사하려면 서울에선 불가능해요. 어느 정도 규모 관리가 안 되면 할 수 없는 일이에요. 저도 생각이 있었지만 아무리 기계화됐다 해도 인력 운영이 너무 어려워서 할 수가 없어요.
2010년대에 제조 허가를 받으려고 우리 가게 매뉴얼을 만들었어요. 매뉴얼은 공장장님하고 저하고 품목 허가를 받으면서 함량표시·위생검사 같은 매뉴얼을 다 만들었어요. 근데 그때마다 환경이 다르니까 감으로 조절해야 해요.

김승모(남, 1971년생), 2020. 3. 16. 조사.

자동화된 공장들 보면 기계화가 될 만큼 됐어요. 근데 우리가 그렇게 따라가려면 또 냉동 떡으로 바꿔야 해요. 제 생각에는 얼린 떡은 해동해서 먹을 때 영양소로 따지면 별다를 게 없겠지만 맛 차이는 분명히 있다고 생각해요.
저는 지금의 공장 체제를 최대한 유지하자는 주의예요. 오히려 과거로 회귀하고 싶기도 하지만 현실적으론 그걸 해 줄 수 있는 직원이 없는 형편이에요.

김승모(남, 1971년생), 2020. 8. 31. 조사.

젊어진 낙원떡집으로 맞는 앞으로의 100년

낙원떡집의 인력 문제는 2000년대 초반부터 두드러지기 시작했다. 3대 이광순 사장 때부터 함께해 온 직원들의 고령화와 연이은 은퇴는 기술자 공백을 불러왔다. 그리고 새로 채용된 직원들 또한 새벽에 육체노동을 하는 떡 일 특성상 퇴직자, 외국인 근로자가 대다수였다. 이 때문에 기술을 익힐 만하면 다시 퇴직하고 새로운 직원이 들어오는 악순환으로 품질 유지에 어려움을 겪게 된 것이다.

새벽일에 합숙 생활을 하니 근무 조건이 좋지 않다고 젊은 친구들이 오지 않아요. 그래서 직원들이 대부분 퇴직하신 중년층이 된 거예요.
(떡 일이) 육체 일이다 보니 나이 드신 분들은 눈에 띄게 체력적 한계가 보여요. 또 일에 익숙해지면 60대가 돼(퇴직하니) 인력난이 심해요.

김승모(남, 1971년생), 2020. 5. 8. 조사.

4대 김승모는 낙원떡집에서 전문 인력을 꾸준히 육성하기 위해서는 더 나은 근무 환경이 뒷받침돼야 한다고 생각한다. 떡은 상품 특성상 주간에 판매되기 때문에 떡공장에서는 새벽에 떡을 만든다. 이러한 근무 환경의 악조건은 직원 채용에 큰 걸림돌로 작용한다. 앞으로의 낙원떡집은 좋은 근무 조건을 제시해서 직원들의 연령대를 낮추고 젊은 인재가 낙원떡집에서 자리 잡을 수 있는 환경을 조성하는 등 앞으로의 100년을 준비하고자 한다.

지금 단골들을 포기해서라도 가게를 오전 10시에 오픈하고 싶어요. 퇴근도 오후 6시로 하고, 한 달에 2일은 정기휴무로 만들고 싶어요. 이런 근무 조건이 향상돼야 하는 건 떡 기술자들도 서로서로 정보를 공유하고 있어 더 좋은 조건의 근무지를 찾아가기 때문이에요. 그래서 우리는 이름에 걸맞게 더 좋은 조건을 제시해야 인력 수급이 가능하다고 생각해요.

김승모(남, 1971년생), 2020. 6. 6. 조사.

III

2020년
낙원떡집의 기록

1 낙원떡집 떡의 종류와 제작 과정

떡은 제작 방식에 따라 찐떡, 친떡, 지진떡, 삶은떡으로 분류된다. 찐떡은 곡물을 가루로 내어 시루에 쪄서 완성한 떡이다. 친떡은 곡물을 곡립(穀粒) 상태나 가루로 하여 시루에 쪄서 익힌 다음 절구나 안반에 쳐서 조직을 치밀하게 만든 떡이다. 지진떡은 곡물가루를 반죽해서 모양을 만들고 기름에 지진 떡이다. 삶은 떡은 끓는 물에 삶아 건진 떡이다[61]

낙원떡집에서 제작되는 떡은 주재료에 따라 멥쌀로 만드는 메떡, 찹쌀로 만드는 찰떡으로 구분된다. 메떡은 다시 펀치식 절구를 통해 치대는 과정을 거친 후 기름을 발라 마무리한다는 의미에서 소위 '기름떡'이라 부르는 송편, 절편, 개피떡과 가래떡이 된다. 메떡 중에서도 떡을 치지 않는 떡으로는 시루떡과 설기가 있다. 찰떡은 찹쌀을 가루 내 쪄낸 후 펀치식 절구로 쳐서 만드는 인절미, 떡을 치지 않고 각종 고물과 함께 시루째 쪄 내는 영양떡, 마구설기가 있다. 그리고 낙원떡집에서 유일하게 가루를 내지 않고 찹쌀을 그대로 쪄내는 약식까지 제분과 치대기 유무에 따라 다섯 가지 공정으로 떡을 만들고 있다.

낙원떡집은 1980년 중반까지 방아 기계를 구비하고 있지 않아서 낙원상가 끝자락에 있는 '김 방앗간'에서 쌀을 빻아 떡을 만들었다. 그후 벨트식 방아 기계를 사용하였고, 1990년 낙원동 272번지 공간을 확장해 간소해진 방아 기계를 들이면서 자체적으로 가루를 만들어 떡을 만들었다. 1990년대까지 낙원떡집의 대표 상품은 기름떡이라 불리는 송편, 개피떡, 절편과 콩가루인절미였다.

떡을 만들 때 순서 같은 것도 따로 없었어요. 메떡을 하다가도 찹쌀이 익으면 빨리 찰떡을 만들었어요. 주문 들어온 떡부터 빨리 해서 만들었어요. 옛날에는 떡집마다 방아 기계가 없어 방앗간에서 쌀가루를 빻아 왔어요. 당시 낙원상가 끄트머리쯤에 '김 방앗간'이라고 유일한 방앗간이 있었어요. 동네 방앗간이 김 방앗간밖에 없어서 방앗간에 열 집이고 몇 집이고 쌀을 쭉 가져다 놓으면 그 집에서 다 빻아 놔요. 그럼 떡집들이 자기네 것 가지고 가서 떡 만드는 거예요. 그 후 떡집들이 방아 기계를 들여놓으면서 자체로 쌀가루를 빻아 떡을 만들게 됐어요.

이광순(여, 1944년생), 2020. 6. 5. 조사.

61 국립민속박물관, 『한국 의식주 생활 사전』(식생활), 2018, 293쪽.

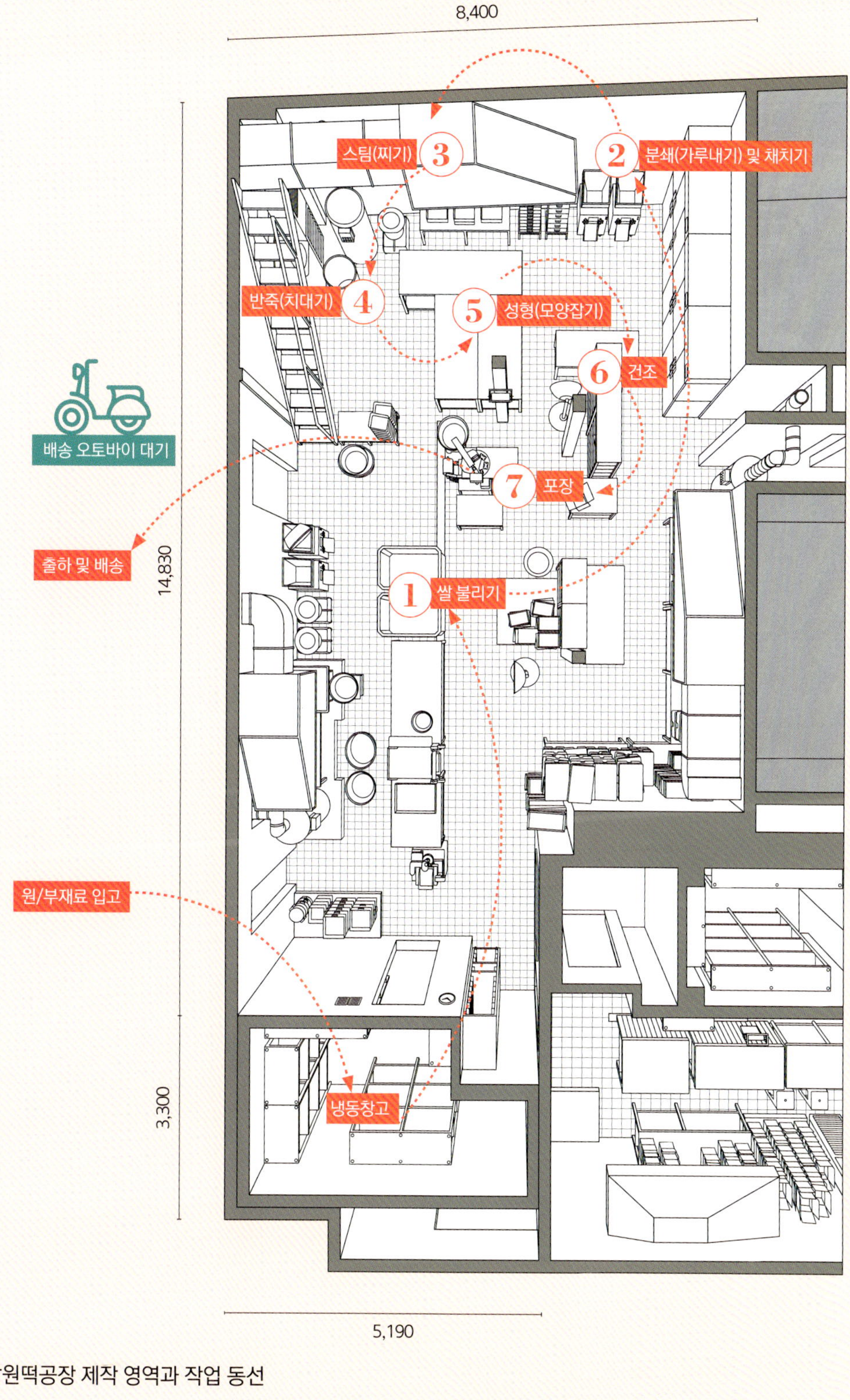

낙원떡공장 제작 영역과 작업 동선

멥쌀, 찹쌀에서부터 떡이 만들어지기까지의 과정

낙원떡집에서 판매되는 떡은 주재료 및 반죽(치대기) 과정의 유무에 따라 다섯 가지로 분류할 수 있다.
그 안에서 소, 고물, 형태에 따라 세부 종류로 나뉜다.
약식은 분쇄 과정이 없으며, 오래된 나무틀을 이용해 형태를 잡는 것이 특징이다.

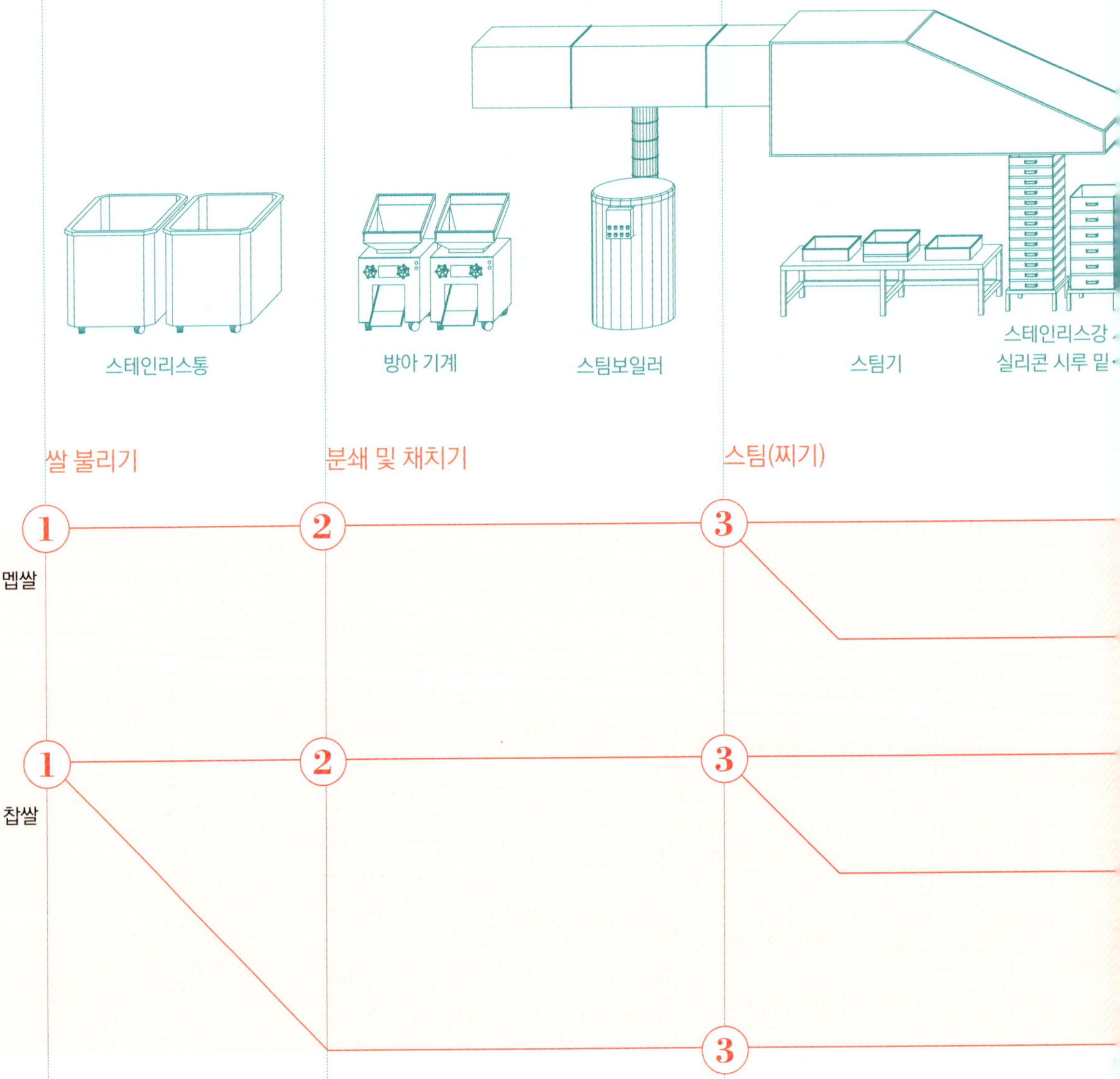

편치식 절구(치대기) | 성형기(모양 잡기) | 건조 | 포장

④ — ⑤ — ⑦
가래떡 | 송편 | 절편 | 개피떡

⑥ — ⑦
시루떡 | 설기

④ — ⑤ — ⑦
인절미

⑤ — ⑥ — ⑦
영양떡 및 설기용 아크릴 모양틀
영양떡 | 마구설기

양념 버무리기) — ⑤ — ⑥ — ⑦
나무틀 및 포크
약식

1. 멥쌀

1) 찐떡

설기(멥쌀, 찐떡)

백설기

복분자설기

쑥설기

단호박설기

포도설기

콩설기

백설기는 일명 백설고, 백시리, 흰무리라고도 한다. 설기의 가장 기본이 되는 떡이다. 이 떡은 빛이 희기 때문에 예부터 티 없이 깨끗해 신성한 음식이라는 뜻에서 어린이의 삼칠일, 백일, 첫돌에 만드는 대표 음식이다. 현재 낙원떡집에서는 백설기 외 여러 재료를 사용해서 낱개로 포장해 판매하는 단호박설기, 복분자설기, 쑥설기, 완두설기 등 다양한 종류의 설기를 제작·판매하고 있다.

무지개떡(멥쌀, 찐떡)

무지개떡은 쌀가루에 황색, 청색, 분홍색, 자주색, 적색으로 물을 들여 쪄 낸 색떡이다. 천연색소를 이용해 보통 다섯 가지 색을 띠도록 만든 모양이 마치 무지개 같아서 무지개떡이라고 부른다. 낙원떡집에서는 현재 천연 오렌지 색소, 합성 딸기, 코코아 파우더, 천연 색소 퍼플, 멜론 향 색소를 사용해 색을 입힌 쌀가루를 층층이 올려 쪄서 무지개떡을 만든다. 이때 색소를 섞은 쌀가루를 여러 번 채에 내려 입자를 곱게 만드는 것이 중요하다. 불은 중불로 20분, 약간 높은 불로 20분 쪄서 가루 안이 촉촉하게 잘 쪄지게 한다.

시루떡(멥쌀/찹쌀, 찐떡)

시루떡은 쌀가루에 붉은 팥고물을 얹은 다음 켜켜로 시루에 안쳐서 익힌 떡이다. 낙원떡집의 시루떡은 찰시루, 멧시루, 찹쌀과 멥쌀을 섞은 시루가 있다. 소매용으로 판매되는 시루떡은 찹쌀과 멥쌀을 섞어서 만드는 것이다. 비율은 멥쌀 7, 찹쌀 3이다. 시루떡은 고사떡으로도 많이 쓰인다. 고사떡용으로 시루떡을 주문할 경우 시루 값을 맡기고 시루째 떡을 가져가는 것이 특징이다.

2) 친떡

절편(멥쌀, 친떡)

지난날 절편은 물에 불린 멥쌀가루를 쪄서 손으로 밀어 반죽한 뒤 도장을 찍어 만들었다. 이때는 떡의 굵기를 일정하게 하는 것이 중요했다. 하지만 1990년대 이후 절편 기계(제병기)가 도입되면서 특별한 경우를 제외하면 기계를 이용해 절편을 만들고 있다. 기계 절편은 잘 굳지 않는 데 반해 손 절편은 빨리 굳는 특성이 있다.

개피떡(멥쌀, 친떡)

개피떡은 멥쌀가루를 쪄서 차지게 친 떡덩이를 얇게 밀어 소를 넣고 접은 다음 반달 모양으로 찍어 공기가 들어가게 만든 떡이다. 이러한 특징 때문에 얇은 껍질로 싸서 만들었다고 갑피병, 공기가 들어가 통통하게 됐다고 바람떡이라는 이름이 붙었다. 개피떡은 궁중에 진상하던 떡이다. 현재도 결혼식 피로연이나 회갑연 등 다양하게 이용되고 있다.

개피떡은 3~4시간 불린 멥쌀을 가루로 낸 다음 차지게 반죽한다. 이렇게 완성된 반죽덩이를 밀대로 밀어서 편다. 그다음 소를 넣고 반죽을 접어서 적당한 크기의 놋 종지로 떼어내듯 떠서 만든다. 현재는 놋 종지가 아닌 플라스틱 재질의 개피떡 틀을 이용한다. 1980

년대 까지는 반죽이 밀대에 붙지 않도록 녹인 밀랍을 밀대에 묻혀서 사용했다.
개피떡의 소는 거피팥이다. 1990년 이전에는 낙원떡집에서도 소를 직접 만들어 사용했다. 거피팥을 4~5시간 물에 불렸다가 시루에 보자기를 깔고 30~40분 쪄 낸다. 그리고 거피팥을 헹궈서 껍질을 벗기고 손으로 뭉갠 다음 설탕을 넣어 앙금을 만들었다. 붉은 팥 앙금은 양은솥에다 팥죽 쑤듯 끓였다. 이것이 굳으면 떡소로 사용했다. 하지만 현재는 재료상에서 앙금팥을 받아서 사용한다.

송편(멥쌀, 찐떡)

송편은 멥쌀가루를 익반죽해서 깨와 설탕을 섞은 소를 넣어 만드는 떡이다. 현재는 낙원떡집의 모든 송편을 성형기를 이용해 만들어 낸다.

가래떡(멥쌀, 친떡)

멥쌀가루를 찐 다음 안반에 놓고 매우 쳐서 둥글고 길게 늘여 만든 떡이다. 흰떡이라고도 불리며, 대개 설날 세시음식인 떡국으로 끓이는 데 쓰인다. 가래떡은 치면 칠수록 쫄깃하고 맛이 좋아서 오랫동안 치는 것이 중요하다. 낙원떡집에서는 제병기를 이용해 가래떡을 만든다. 말리지 않은 가래떡은 상시 판매되지만 말린 떡국떡은 겨울에만 판매한다.

2. 찹쌀

1) 찐떡

약식(찹쌀, 찐떡)

약식은 찐 찹쌀을 꿀·참기름·간장으로 간을 한 후 밤·대추·잣 등을 섞어서 다시 찐, 단맛이 나는 밥류다. 약식은 낙원떡집에서 유일하게 가루로 내지 않고 찹쌀 그대로 찌는 떡이기 때문에 항상 좋은 재료로 최상의 맛을 내기 위해 애정을 쏟는 떡이다.

약식은 다른 떡과 달리 두 번에 나눠 찐다. 처음엔 찹쌀에 색을 내기 위해 찌고, 두 번째는 양념과 각종 재료를 섞은 뒤 골고루 맛이 들도록 쪄 내는 것이다. 3~4시간 불린 찹쌀에 캐러멜과 소금을 넣고 10여 분 찐다. 시루에 고인 물은 배수구를 통해 버리고, 찐 찹쌀을 대야에 쏟아 대추, 밤, 은행, 잣, 설탕을 넣고 나무주걱으로 고루 섞은 뒤 다시 시루에 담아 면포를 덮고 찐다. 약식이 잘 익었는지 확인하기 위해 작업자는 중간중간 쇠꼬챙이로 시루를 찔러서 찹쌀과 고물이 익은 정도를 확인한다. 다 찐 약식은 약식판에 쏟아 대형 포크로 펴서 굳힌다.

영양떡(찹쌀, 찐떡)

백련초영양떡

단호박영양떡

쑥영양떡

흑미영양떡

영양떡은 찹쌀가루에 밤, 대추, 호박고지, 견과류 등을 올려 놓고 찐 떡이다. 낙원떡집에서는 쑥영양떡, 단호박영양떡, 흑미영양떡, 백년초영양떡 등 여러 종류의 영양떡을 만들고 있다. 영양떡은 모두 포장 기계로 개별 포장이 돼 낱개 판매를 하거나 선물세트 구성에 쓰인다.

3) 친떡

인절미(찹쌀, 친떡)

콩가루인절미

인절미는 찹쌀을 불려서 찐 다음 안반이나 절구에 떡메로 쳐서 고물을 묻힌 떡이다. 낙원떡집에서는 콩가루를 묻힌 인절미와 콩가루를 묻히지 않고 낱개로 판매하는 쑥인절미, 현미인절미 세 종류의 인절미를 만든다. 콩가루인절미의 경우 미리 고물을 묻힌 채 진열하지 않고 판매 시 즉석에서 떡 반죽을 한입 크기로 썰어 콩가루에 묻혀서 낸다. 인절미를 고물에 묻힌 채로 미리 포장할 경우 고물에 수분이 흡수돼 떡이 딱딱해지는 것을 방지하기 위함이다.

쑥인절미

현미인절미

쑥인절미는 찹쌀과 생 쑥으로만 만드는 낙원떡집 대표 상품이다. 2000년 이전에는 낙원떡집에서 쑥인절미를 만들지 않았지만 2000년 이후 전라도 출신 기술자를 영입해 만들기 시작했다. 쑥인절미를 만들 때 가장 중요한 재료는 쑥이다. 초창기에는 쑥이 한창 나오는 여름에 쑥을 몇십 관 사들여서 깨끗이 씻고 소금으로 절여 항아리에 보관했다. 이렇게 하여 절인 쑥을 1년 내내 꺼내 사용했다. 하지만 현재는 제주도 한라산 쑥을 연간 계약을 통해 필요할 때마다 공급받아 사용하고 있다. 쑥은 삶는 방법과 떡의 온도에 따라 색의 진한 정도가 달라진다. 낙원떡집에서는 쑥인절미 반죽에 베이킹소다를 첨가해서 색이 곱게 퍼지도록 하고 있다.

쑥인절미는 주문 수량을 제외하고 대개 1일 1,000개를 만들어 판매한다. 다만 여름에는 계절 특성상 300개로 생산량을 줄여 판매한다. 쑥인절미는 방부제가 들어가지 않는 떡이기 때문에 변질 우려가 있어 6~9월에는 택배 주문을 받지 않는다. 직장인, 낚시·골프와 같은 레저를 즐기는 손님들이 식사 대용 등의 이유로 쑥인절미를 선호한다.

2 낙원떡집 떡의 제작 도구

예전에 쓰던 도구는 다 버렸어요. 그때는 그게 소중한 줄 몰랐죠. 지금 남아 있는 건 제가 초등학생 때부터 있던 돈통이에요. 우리 할머니 때부터 쓴 거예요. 그리고 우리 할머니 때부터 쓰던 칼이 몇 개 남아 있어요. 그것 외에 떡 판지, 돌절구, 소 담는 숟가락 같은 것도 있었는데 전부 버렸어요. 지겨운 삶의 현장이니까 어머니, 아버지가 보기 싫어 하셨을 거예요.

김승모(남, 1971년생), 2020. 3. 16. 조사.

돈통(가로 33.2, 세로 28, 높이 29.9)

낙원떡집 본점에서 사용하고 있는 돈통
아래 서랍에는 1,000원 짜리를 넣고, 자물쇠가 잠긴 위 투입구에 1만원 이상의 고액권을 담는다.
돈통 위에는 우드록 상자에 동전을 보관해서 거스름돈으로 사용한다.

돈통은 김인동 때부터 쓰던 것이다. 오랫동안 장사해 온 습관 때문에 포스기를 쓰지 않고 지금의 나무 돈통을 쓰고 있다. 정확히는 알 수 없지만 어떤 목수가 만들어 준 것이다.

누가 포스기를 사다 줬는데 저희는 저 돈통을 계속 쓰고 싶어서 지금까지 쓰고 있어요. 오래되다 보니까 자물통 같은 것이 떨어져서 한 번 고친 기억이 있어요. 근데 돈통이 나무로 돼 있어서 손때가 묻으면 까매져요. 그래서 제가 몇 번 철 수세미로 닦았어요. 또 그렇게 닦으니까 나뭇결이 일어나서 니스 칠을 해야 했어요.

이광자(여, 1960년생), 2020. 6. 5. 조사.

도마(가로 91.4, 세로 41.5)

각종 떡을 썰 때 이용하는 플라스틱 도마다. 낙원떡집이 낙원동 272번지에 있을 때는 대형 나무 도마를 사용했다. 이 나무 도마는 1990년대 초까지 사용했다. 오랜 기간 사용함에 따라 가운데가 움푹 파여 있었다. 나무 도마는 플라스틱 도마와 달리 떡을 썰 때마다 달라붙는 것을 방지하기 위해 물을 묻혀서 썰어야 하는 불편함이 있었다. 또한 반복된 칼질로 나뭇결이 일어나서 위생적으로 좋지 않아 1993년부터 플라스틱 도마를 사용했다.

옛날에 나무 도마가 지금 작업대만 했어요. 가운데가 파여 있었어요. 지금은 어디 있는지 모르겠어요. 나무 도마는 위생적이지 못하고 씻는 게 아침마다 일거리였어요. 깨끗이 쓰려고 철 수세미로 매일 닦아야 했지요. 나무 도마는 쓸 때 물을 묻히지 않으면 떡이 도마에 달라붙기 때문에 물 대야가 항상 있어야 했어요. 가운데가 파여 있으니까 썰기에도 불편했어요. 나뭇결이 계속 일어나다 보니까 안 쓰게 됐어요. 나무 도마를 내가 오기 전부터 써서 언제부터 썼는지는 모르겠어요. 안 쓰게 된 것은 이 가게로 옮기면서 작업대도 바뀌게 돼 나무 도마를 놓을 수 없었기 때문이에요.

이광자(여, 1960년생), 2020. 6. 5. 조사.

쌀 불리는 통(가로 77.5, 세로 122.5, 높이 85)

스테인리스강 재질의 대형 통은 떡을 만드는 첫 번째 단계인 쌀을 불리는 데 사용한다.

방아 기계(롤러기, 가로 59, 세로 57, 높이 124.5)

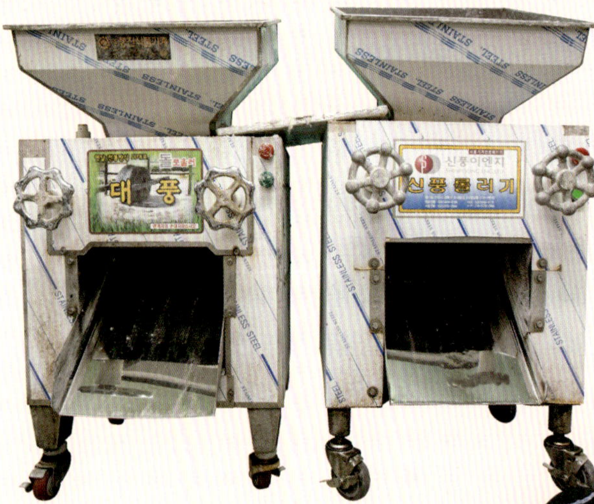

방아 기계는 불린 멥쌀이나 찹쌀을 가루로 빻는 기계이다. 낙원떡집에서 생산되는 떡 가운데 약식을 제외하면 모든 떡이 이 방아 기계에서 제분돼 생산된다. 1980년대만 하더라도 고무벨트로 돌아가는 대형 방아 기계를 사용했지만 2000년 이후 기계가 간소해져서 현재 형태가 됐다. 방아 기계는 10년 정도를 쓰면 교체한다. 기계를 매일 사용하는 탓에 고장이 자주 나기 때문이다.

요즘 기계는 점점 간소화되고 있어요. 옛날에는 방아 기계가 벨트식이었어요. 그래서 위로 식재료를 넣고 탕 탕 탕 손으로 치고, 식재료를 넣을 때 앉았다가 일어났다 해야 해서 불편했어요. 근데 지금은 허리 높이로 작아져서 편해진 거지요.

김승모(남, 1971년생), 2020. 8. 5. 조사.

현재 낙원떡집에 구비된 방아 기계는 상단의 투입구로 불린 쌀을 부어 넣으면 기계 내에 둥근 롤러가 서로 맞물려서 쌀을 빻는다. 정면에 보이는 레버는 기계 내에 있는 둥근 롤러의 간격을 조절할 수 있다. 투입구에 넣은 불린 쌀은 제분돼 기계 아래에 있는 경사판으로 내려온다. 작업자는 경사판 아래에 쌀가루를 받을 대야를 준비해 놓는다.

방아 기계 투입구의 불린 쌀

제분돼 내려오는 쌀가루

솔(가로 30.5, 세로 20.5)

불린 쌀 등을 가루로 내기 위해 방아를 찧을 때 기계에 붙은 가루를 털어내는 데 사용한다. 이 도구는 원래 도배에 사용하는 정배솔이지만 떡집에서는 용도를 달리해서 사용하고 있다.

편치식 절구(펀치기, 가로 53, 지름 82.9, 높이 62.4)

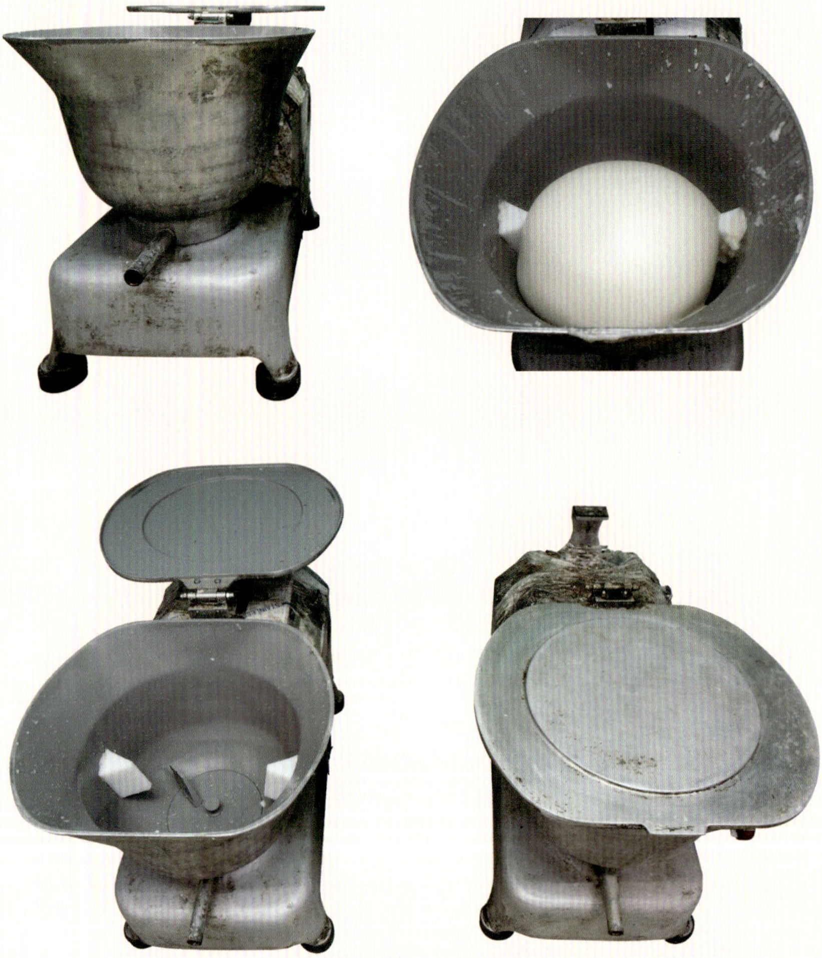

'펀치기'라 불리는 펀치식 절구는 시루에다 찐 떡에 일정량의 물과 설탕을 추가해가며 반죽하는 데 사용한다. 제분하지 않는 약식이나 반죽하지 않는 설기류를 제외하면 낙원떡집에서 생산되는 떡 대부분이 이 기계를 통해 반죽된다. 멥쌀을 반죽하면 절편·송편·개피떡이 되고, 찹쌀을 반죽하면 인절미·쑥인절미·현미인절미가 된다.

개피떡 성형기(가로 57, 세로 70.8)

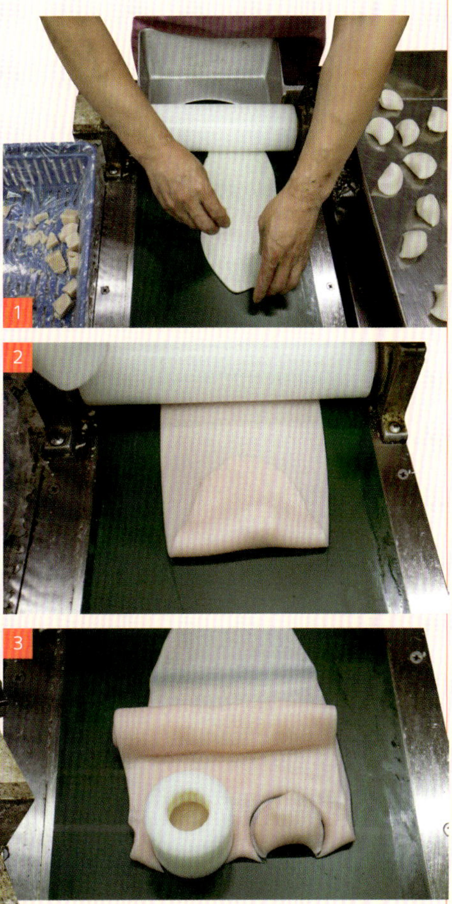

1 반죽을 펴는 모습
2 접힌 반죽에 앙금이 들어가 있는 모습
3 개피떡 틀로 떡을 떠내는 모습

개피떡 성형기에서는 멥쌀 반죽을 얇게 펴낸다. 성형기가 도입되기 전에는 반죽을 직접 나무 밀대로 밀어서 폈지만 현재는 기계가 대신해서 반죽을 펴낸다. 이 기계는 흰색 롤러 뒤에 멥쌀 반죽을 놓고 기계 하단에 있는 버튼을 누르면 상단의 흰색 롤러가 돌아가면서 반죽을 펴낸다. 이에 작업자는 펴진 반죽 위에 흰팥 앙금을 놓고 접은 뒤 개피떡 틀을 이용해 반달 모양으로 떡 모양을 떠서 낸다. 개피떡 성형기는 주로 개피떡을 만드는 데 사용되지만 손절편을 만들 때도 절편 반죽을 얇게 여러 번 펴내는 데 사용하기도 한다.

지금 바람떡(개피떡) 기계는 바람떡 기계라고 볼 수 없어요. 요즘 바람떡 기계들은 송편 기계처럼 바로 떡이 나오는 것도 있어요. 우리는 바람떡 반죽을 하는데 너무 힘드니까 지금의 바람떡 기계에 만족하고, 뜨는 건 손으로 하고 있어요.

김승모(남, 1971년생), 2020. 8. 30. 조사.

개피떡 틀(지름 8, 높이 8)

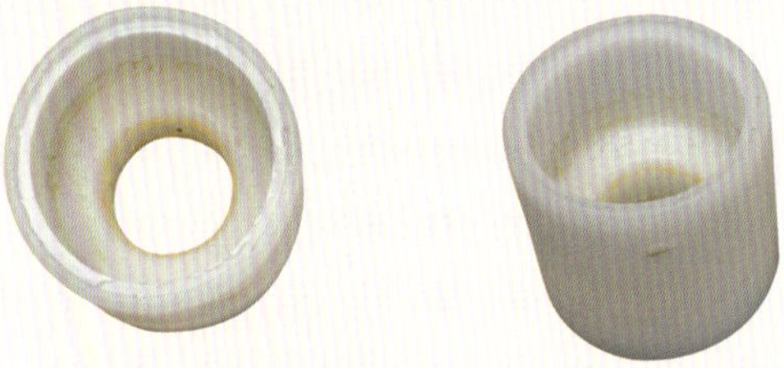

개피떡 틀은 원기둥 모양을 하고 있다. 중앙은 동그랗게 뚫린 모양이다. 이때 넓은 바닥면이 개피떡을 떠서 내는 곳이다. 작은 원형 구멍이 있는 윗면은 손잡이 부분에 해당한다.

절편 도장(지름 6.5, 높이 9.5)

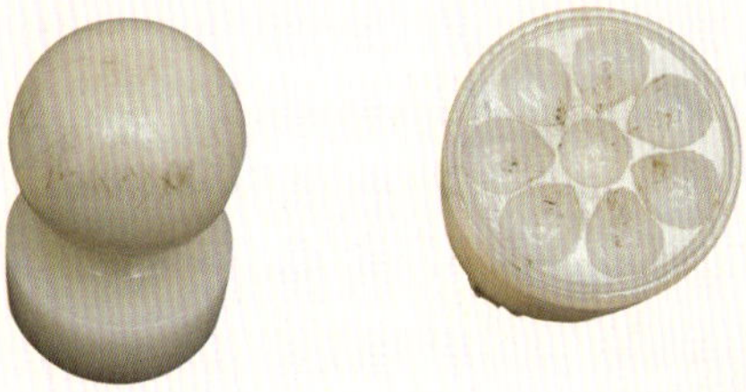

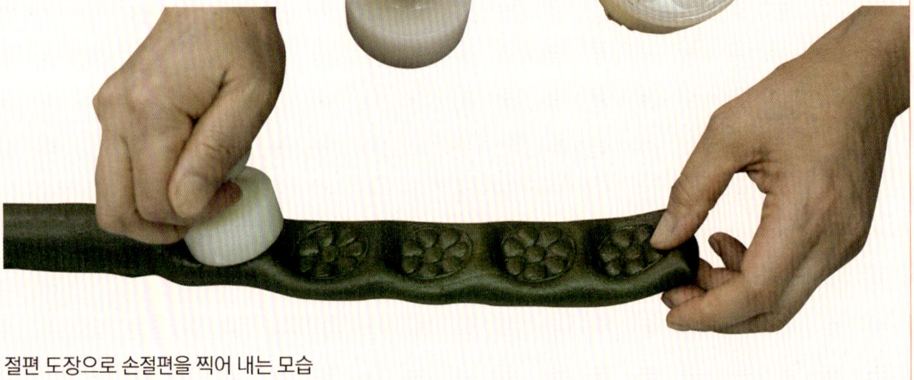

절편 도장으로 손절편을 찍어 내는 모습

절편은 기계로 뽑아내는 기계 절편과 손으로 하나씩 도장을 찍어 만드는 손 절편으로 구분된다. 절편 도장은 손으로 절편을 찍어 낼 때 모양을 찍어 내는 데 쓰인다.

송편 성형기(가로 70.5, 세로 66, 높이 159.5)

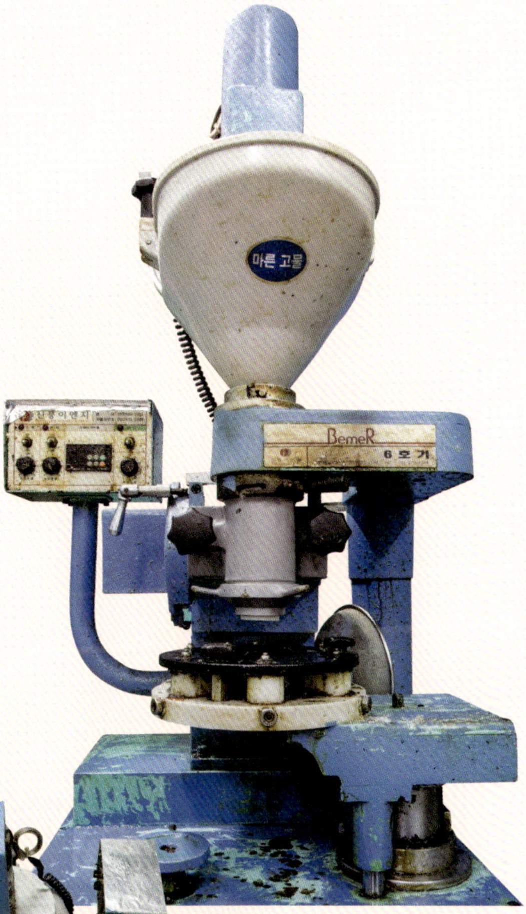

송편 제작 모습

송편 성형기는 송편을 만들 때 사용하는 기계이다. 이 성형기로는 송편, 꿀떡 등을 만들 수 있다. 성형기 상단에 위치한 두 개의 투입구에 반죽과 송편 소를 각각 넣으면 송편이 만들어진다. 만들어진 송편은 기계 하단의 스테인리스강 레일을 타고 내려온다. 이때 작업자는 송편끼리 붙지 않도록 기계 하단 레일과 송편이 쌓이는 판에 기름칠을 계속해 준다.

스쿱(길이 31.5, 지름 14.6)

스테인리스강 재질의 스쿱은 송편의 소가 되는 설탕과 참깨를 성형기에 퍼 넣을 때 사용한다.

포장 기계(가로 163.2, 세로 81.7, 높이 121)

포장 기계를 이용해 쑥설기를 포장하는 모습

포장 기계는 낙원떡집에서 생산하는 떡 가운데 낱개 판매를 하고 있는 약식, 각종 설기, 영양찰떡을 자동으로 포장하는 기계이다. 자동 포장 기계가 있음에도 쑥인절미의 경우 떡 모양이 정형화되지 않아 포장 기계를 사용할 수 없기 때문에 수작업을 통해 별도로 포장하고 있다.

보일러와 스팀기(화구)

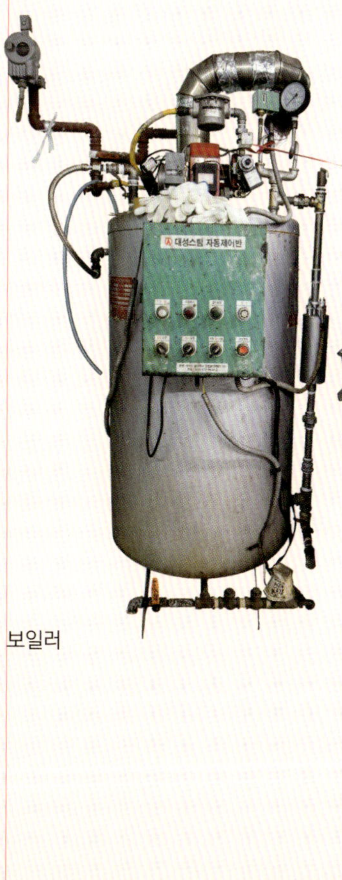

스팀기에 시루가 올려 있는 모습

보일러

낙원떡집의 화구는 장작불, 연탄불, 석유보일러, 스팀 순으로 변화했다. 김인동 때는 장작을 쓰고 1970년대 초 연탄을 쓰다가 이후 석유보일러로 교체됐다. 1990년대에 공장을 만들면서 도시가스가 보급돼 스팀기를 쓰게 됐다.

1980년대에는 연탄으로 했어요. 연탄도 일반 연탄이 아니라 49공탄이라고 큰 연탄으로 했어요. 당시 화구는 한 개여서 새벽부터 일어나 떡을 쪘어요. 제가 백일 때 엄마가 연탄불을 썼다고 하는데 기억은 안 나요. 제 기억으론 옛날에 석유 버너를 사용했어요. 지금은 보일러가 여러 개 있지만 옛날에는 LPG 버너처럼 생긴 거 한 개로 떡을 쪘어요. 그리고 여기 온 뒤 1980년대 후반에 여기로 도시가스가 들어오니까 도시가스보일러로 바뀌었어요.

김승모(남, 1971년생), 2020. 8. 30. 조사.

스팀기는 공장 입구에 있는 물통을 중심으로 각 스팀기와 배관이 연결돼 있다. 스팀기는 주로 스팀이 나오는 버너가 고장의 주원인이다. 10년 정도 쓰면 교체한다. 방아 기계와 마찬가지로 매일 사용하다 보니 기계가 빨리 고장 나기 때문이다.

지금은 가스보일러로 하기 때문에 스팀기를 쓰고 있어요. 공장 입구에 들어가면 큰 통이 보이는데 그게 물통이에요. 그 물통들이 공장 내 스팀기랑 연결돼 있어서 스팀기를 사용하는 거예요. 스팀기도 매일 사용하다 보니까 10년을 못 가는 것 같아요. 특히 버너 값이 많이 나가요. 주로 스팀이 나오는 버너에 온도 게이지가 고장 난다든지 하면서 10년을 못 가서 교체하게 돼요.

김승모(남, 1971년생), 2020. 8. 30. 조사.

제병기(가로 80.5, 세로 71.5, 높이 81)

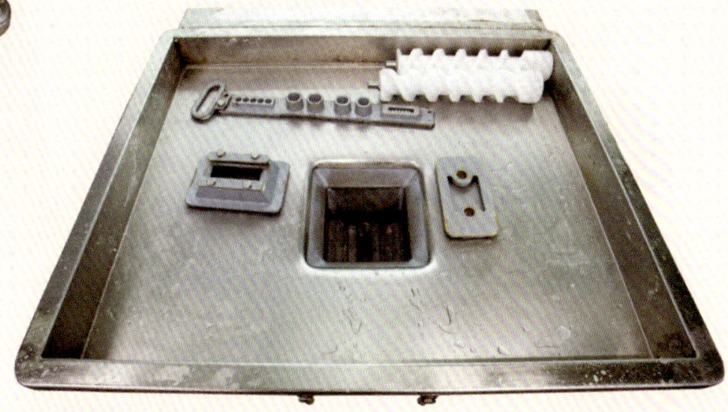

제병기는 가래떡과 절편을 만드는 기계다. 기계의 측면에 있는 떡 배출구에 동그란 모양의 틀을 끼우면 가래떡이 뽑히고, 무늬가 있는 롤러 틀을 끼우면 기계 절편이 만들어진다. 기계 절편은 손 절편에 비해 잘 굳지 않아 여름철 또는 대량생산에 사용한다.

스테인리스강 시루

한말 시루(가로 42.5, 세로 42.5, 높이 18)

반말 시루(가로 31, 세로 31, 높이 17.5)

원형 시루(지름 31.5, 높이 12.5)

낙원떡집에서 사용한 시루는 나무 시루, 오지 시루(옹기 시루), 스테인리스강 시루 순으로 변화했다. 나무 시루는 위생 관리가 어려웠고, 옹기 시루는 무겁고 깨지기 쉬워서 스테인리스강 시루로 바꾸었다. 과거에는 청계천 변에서 시루를 구매했으나 현재는 과거 거래처가 폐업해서 기계상들에게 부탁해 시루를 구매하고 있다.

현재 사용하고 있는 스테인리스강 재질의 시루는 제분된 멥쌀이나 찹쌀을 넣어서 떡을 찌는 도구이다. 한말 시루는 총 8㎏의 떡을 찔 수 있고 반말 시루는 4㎏의 떡을 찔 수 있다. 원형 시루는 대개 떡 케이크를 만들 때 사용한다. 낙원떡집 스테인리스강 시루의 수명은 대개 2~3년으로, 주기적으로 교체하고 있다.

시루는 옹기 시루를 썼어요. 그리고 1980년대 초반에 스테인리스강 시루로 바꾸었어요. 그때 스테인리스강 시루는 지금과 달리 두들겨 펴서 용접한 것이었는데 뉴스에서 뭐가 안 좋다고 나오면서 주물 시루로 바꾸게 됐어요. 이게 30년 전인 것 같아요. 이 시루는 2~3년에 한 번씩 교체해요. 계속 쓰다 보면 아귀가

안 맞아서 이격이 되는데 그러면 증기가 빠져나가 떡이 안 익어요. 그래서 주기적으로 교체해 줘야 해요.

김승모(남, 1971년생), 2020. 6. 6. 조사.

20년 전에는 청계천 변에 시루를 파는 곳들이 있어서 그곳에서 시루를 사 왔어요. 이제는 시루를 파는 곳이 없다 보니까 기계상들에게 부탁해서 시루를 받고 있어요.
2004년에는 성수 을지로에 시루 공장도 있었어요. 지금은 없어졌어요. 그래서 신풍이나 경창 소개로 시루를 구입하고 있어요. 저런 떡 시루(낙원떡집 떡 시루)는 인터넷으로 찾아봐도 찾을 수가 없어요.

김승모(남, 1971년생), 2020. 8. 30. 조사.

약식 시루(지름 51, 높이 39)

낙원떡집에서 쓰이는 시루가 대개 사각형의 정형화된 스테인리스강 시루이지만 약식 시루만 비정형의 원형을 하고 있다. 양동이 모양의 이 시루에는 다른 시루와 마찬가지로 양옆에 손잡이가 있고, 특이하게 시루 하단부에 배수구가 돌출된 형태를 하고 있다. 이 배수구는 약식을 찌는 과정에서 나오는 물을 배출하는 용도이다. 약식만 유독 특별한 시루를 쓰는 이유는 많은 양을 한 번에 찔 수 있을 뿐만 아니라 일반적인 사각형 시루와 달리 가루를 내지 않고 찹쌀 자체를 쪄 내는 약식 제작 과정 특성상 쌀이 고르게 퍼져서 잘 익기 때문이다.

나무주걱(길이 122, 너비 16.3)

나무주걱은 약식을 만들 때 양념과 밤, 대추, 잣 등을 버무리는 데 사용한다.

약식판(가로 34.2, 세로 84, 높이 7)

포크를 이용해 약식판에 약식을 펴서 모양을 잡는 모습

이 나무판은 완성된 약식을 펴서 모양을 잡아 주는 판이다. 약식판 위에 찹쌀로 만든 약식이 들러붙지 않도록 비닐을 깐 다음 시루에 있는 약식을 쏟고, 대형 포크를 이용해 평평하게 펴 주며 모양을 잡아 완성한다.

포크(길이 24.5)

포크는 완성된 약식을 약식판 위에 올린 뒤 표면을 고르게 하는 데 사용한다.

재단용 아크릴 모양판(가로 39, 세로 39)

아크릴 모양판 위

아크릴 모양판 아래

아크릴 모양판을 찍은 설기 시루

아크릴 모양판은 설기, 영양떡 등을 일정한 간격으로 재단하기 위해 4대 김승모가 2004년에 고안한 도구이다. 떡을 찌기 전 시루에 올린 쌀가루에 아크릴 모양판을 올려놓고 빗금을 내거나 찐 영양떡에 올려놓고 빗금을 만든다. 그리고 작업자들은 아크릴 모양판으로 인해 생긴 빗금을 따라 떡을 균일하게 썰어낸다. 이 아크릴 모양판은 영양떡, 설기류에 따라 크기가 각기 다르다.

나무판(가로 49, 세로 49)

나무판은 멥쌀로 만드는 설기류, 찹쌀로 만드는 영양찰떡 등을 찜기에서 쪄 낸 후 시루에 있는 떡을 받아 내는 데 사용한다. 그때는 나무판 위에 비닐을 깔고, 떡이 달라붙지 않도록 기름을 얇게 발라 놓아 준비한다. 이렇게 나무판에서 한 김 식힌 떡을 용도에 맞게 포장한다.

채(지름 48, 높이 15)

채는 떡을 만드는 데 사용되는 각종 가루의 입자를 곱고 균일하게 해 주는 데 사용한다.

플라스틱 봉(길이 50)

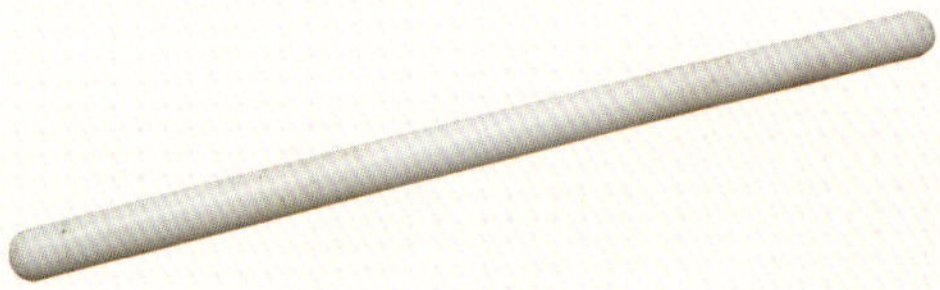

플라스틱 봉은 분쇄기에서 쌀을 빻을 때 쌀을 밀어 넣거나 분쇄기 내부에 붙은 쌀을 떨어내는 용도로 사용한다. 이 도구는 제과제빵 등에 쓰이는 플라스틱 밀대이지만 떡집에서는 제분에 쓰이는 봉 용도로 사용하고 있다.

스크레이퍼(헤라, 길이 15.5, 너비 8.7)

'헤라'라고 불리는 플라스틱 스크레이퍼는 떡을 자를 때 사용하는 도구다. 과거 스크레이퍼가 없던 시절에는 무쇠 칼에 떡이 달라붙지 않도록 기름이나 물을 묻혀서 사용했다. 하지만 현재 사용하는 플라스틱 스크레이퍼는 특별한 조치 없이도 떡이 잘 달라붙지 않고 절단되기 때문에 대부분의 떡 재단에 무쇠 칼 대신 사용하고 있다.

자(왼쪽부터 길이 37.4, 폭 5, 길이 37.2, 폭 4.5, 길이 37, 폭 3.4)

자는 시루에 올린 떡을 찌기 전 쌀가루를 평탄하게 하는 데 사용된다. 과거에는 사진 오른쪽에 보이는 나무 자를 주로 사용했으나 최근에는 대개 문구용 플라스틱 자를 사용하고 있다.

쇠꼬챙이(오른쪽부터 길이 63.9, 길이 65.5, 길이 65)

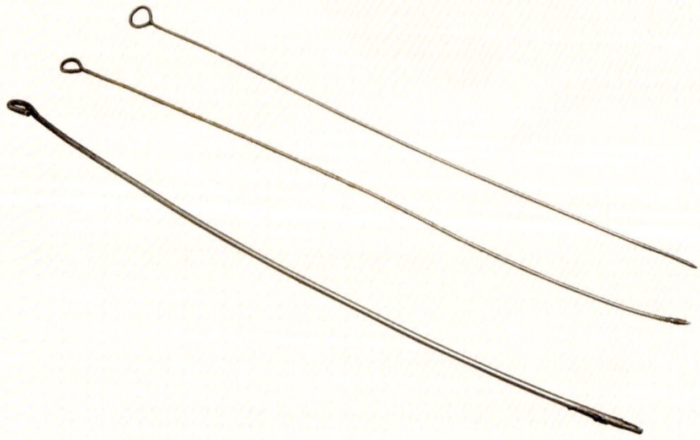

쇠꼬챙이는 떡을 시루에서 찔 때 면포를 걷어 내거나 떡의 익은 정도를 확인하기 위해 쓰인다.

칼(왼쪽 아래부터 길이 36.4, 41.2, 39.9, 36, 40.3)

각종 떡을 썰 때 사용하는 칼이다. 왼쪽 3개의 칼은 무쇠 칼, 나머지 2개의 칼은 스테인리스강 칼이다. 무쇠 칼은 주로 인절미 등 차진 떡을 썰 때 사용하고, 스테인리스강 칼은 주로 설기나 시루떡 등을 썰 때 사용한다.

플라스틱 바구니(가로 42, 세로 34.8)

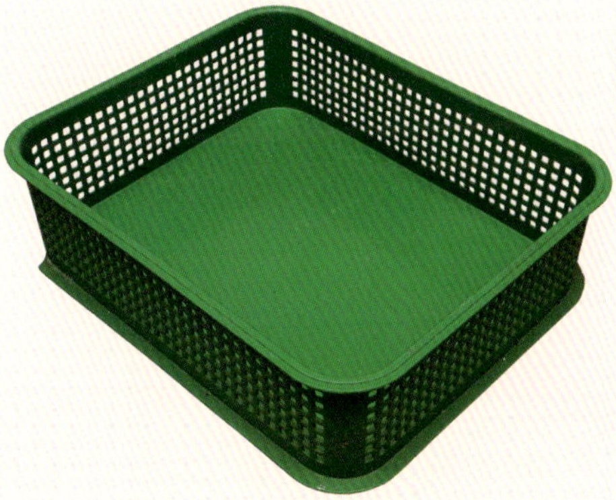

영양떡, 설기, 약식 등 기계 포장을 하는 낱개 떡을 담는 바구니다.

글씨 틀

축 회갑(지름 27)

축 첫돌(지름 25)

축 팔순(지름 27)

축(가로 40, 세로 40)

축(가로 40, 세로 40)

회갑, 첫돌, 개업 등 각종 행사용 떡을 제작할 때 떡 위에 글씨를 올리기 위해 아크릴로 제작한 글씨 틀이다. 사진에 보이는 기본적인 문구를 제외하고는 을지로 아크릴 가게에서 손님이 원하는 문구가 있을 때마다 새로 제작해서 사용한다.

포장 비닐과 바구니(가로 20.2, 세로 20.5, 높이 4)

영양떡이나 설기는 기계 포장을 하지만, 쑥인절미는 갓 나온 뜨거운 떡을 식기 전에 비닐을 사용해서 일일이 사람 손으로 낱개 포장을 해야 한다. 이때 작업자들이 사용하는 포장 비닐과 이를 담는 플라스틱 바구니이다.

기름통과 붓(기름통 가로 19, 세로 25.5, 높이 13.7, 붓 길이 36)

제작 과정에서 기름칠을 필요로 하는 떡은 송편, 개피떡, 절편 등이다. 소위 기름떡이라고 부르는 이 떡들은 서로 들러붙지 않도록 붓을 이용해서 기름칠을 해야 한다. 시중에 떡 제작을 위한 붓이 따로 있지 않기 때문에 페인트를 칠할 때 쓰는 붓에 플라스틱 손잡이를 직접 제작해서 사용한다.

3. 낙원떡집의 하루 참여 관찰

낙원떡집 본점(2020. 6. 1.~ 6. 5.)

2020. 6. 1.(월) 맑음

07:00

매장 오픈

오전 출근 직원이 셔터를 올리고, 매장 앞에 입간판을 내놓는다. 매장 외등을 켠 후 달력에 오늘 날짜를 표시하고, 랩핑 기계 전원을 켜는 것으로 업무를 시작한다.

07:05~08:40

떡 소분 포장 및 진열

매주 월요일은 거래처 기술자 휴무로 증편이 나오지 않는다. 쑥인절미는 담겨 온 박스 뚜껑을 열어 식힌다.

오전 출근한 직원은 공장에서 이미 포장되어 출고되는 낱개 포장 떡을 먼저 진열 접시에 담아 진열한다. 덩어리로 판매하거나 수량이 적은 시루떡·백설기·가래떡·증편·찹쌀떡·경단을 일회용 용기에 포장해 진열한다. 이후 기름을 발라 소위 '기름떡'이라고 부르는 절편·송편·바람떡과 약식, 모듬떡, 마구설기 순으로 소분 포장해 진열한다. 마지막으로 1만원, 2만원, 3만원짜리 선물용 떡을 각 1개씩 만들어 진열한다.

떡을 진열할 때는 손님 방향에서 보기 좋게 떡 절단면의 결과 색을 고려하여 진열한다. 직원에 따라서는 포장재에 인쇄된 낙원떡집 상호가 보이게 진열하기도 한다.

07:10

첫 손님

공식적인 매장 오픈 시간은 오전 7시 30분이지만, 직원들이 떡을 진열하면서 실질적인 영업이 시작된다.

8:30까지 총 5명의 손님이 다녀갔다.

08:45

직장 동료로 보이는 남녀 손님이 아침 식사 대용으로 쑥설기를 1개씩 구입했다.

10:50

낙원동 인근에 백반 배달을 전문으로 하는 '전주식당'에서 오늘의 메뉴 전단지를 돌렸다.

10:52

오전 주문 떡 배달
퀵서비스 수령

11:00

미국에서 온 30대 여성 손님이 "엄마가 이 집이 맛있다고 해서 왔어요."라며 방문했다.

70대 남성 손님이 인절미 1팩을 구입했다.

12:20

직원 점심을 인근 분식점(김가네)에 주문했다.

12:25

선물세트 주문 손님이 1만원 3개, 2만원 1개를 구입했다.

12:40~13:00

점심 식사

식사 배달과 동시에 매장 한켠에 자리한 테이블에서 점심 식사가 이루어진다. 별도의 식사 시간이 없어 식사 도중에 손님이 들어오면 판매를 병행한다.

13:45

기름떡
(개피떡, 송편, 절편)
추가 진열

13:50

40대 여성 손님이 약식을 구입했다.
"약밥을 먹어보고 너무 맛있어서 일부러 다시 왔어요. 옛날에 엄마가 해준 거 먹어보고 이런 맛 처음이예요. 어디서 사 먹어도 이런 맛이 안 나왔거든요. 우리 신랑도 떡을 안 먹는데 이건 사가서 둘이 앉은 자리에서 다 먹었어요."

14:00

현미인절미, 쑥인절미, 두텁떡을 구입했다.
"내가 밥을 못 먹어서요. 당뇨가 있어서 달지 않은게 뭐 있나요?"

15:00

주문 떡 배달 퀵서비스 수령

15:45

콩고물인절미 제작·포장·진열

오전엔 떡이 뜨거워 고물이 눅기 때문에 콩고물인절미를 미리 만들어 놓지 않지만, 오후에는 떡이 식기 때문에 인절미를 모두 만들어 진열한다.

15:55

주문 떡 배달 퀵서비스 수령(내수동)

16:00

오후 직원 근무 교대 내일 출고할 떡 주문서 공장 게시

16:15

유과 소분 포장

16:17

퀵서비스 배달 대금 결제

16:30

30대 남성 손님이 백일 떡으로 쓸 백설기, 수수경단, 송편 주문 문의를 했다.

17:00

택시기사 손님이 인절미, 절편, 쑥설기를 구입했다.

17:12

박스로 진열대 유리를 가림

진열대 유리를 박스로 가려 석양에 떡이 변질 되는 것을 막는다.

17:17

개업떡 문의 손님이 다녀갔다.(3,500원 모듬떡)

18:40

해가 넘어가 차양으로 쓰던 박스를 치움

19:25

매출 확인

신용카드 매출은 단말기에서 매출액을 뽑고, 현금은 돈통을 개봉해 수작업으로 계산한다.

19:30

진열 떡이 대부분 소진되어 진열대 빈 공간에 유과를 추가 진열한다. 개별떡 진열 접시를 빼고, 선물세트 우드록 상자에 남은 개별떡을 진열한다.

19:33

단골 택시기사 손님이 다녀갔다. 매일 저녁 인절미 1팩을 정기적으로 구입하는 손님이어서 직원들이 기사님 떡을 미리 빼 놓기도 한다.

20:00

인사동점 직원 퇴근

인사동 매장 직원은 퇴근길에 본점에 들러 현금 매출을 전달하고, 남은 떡을 공장에 전달하고 퇴근한다.

20:00

매장 정리

도마, 진열 접시를 정리해 설거지 하고, 바닥 청소를 한다.
남은 떡은 모두 포장해 바로 판매가 가능하게 진열한다. 스티로폼 도시락, 우드록 포장용기 등을 채워 넣는다.

22:00

영업 종료

2020. 6. 2.(화) 흐리고 비

07:00
매장 오픈

07:50
판매용 떡 진열

08:10
퀵서비스 배달 떡 수령

08:12
40대 여성 손님이 아이 간식으로 백설기 4개를 구입했다.

08:43
20대 남자 손님이 쑥인절미를 구입했다.
"할머니가 최근에 췌장암에 걸리셔서 아무것도 못 드시는데 여기 쑥인절미만 드셔서 사러 왔어요."

08:50
공장에서 냉동 떡 (경단, 찹쌀떡, 두텁떡) 가지고 옴

09:40
쑥인절미 50개 배달 주문이 들어왔다.(서초동)

09:55
퀵서비스 배달 떡 수령 (서초동)

10:30
30대 직장인 남성 손님이 1만원 선물용 떡을 구입했다.

11:10
20대 여성 손님이 개별 포장 설기 25개, 모듬떡 3천원, 모듬떡 5천원, 약식을 구입했다.
60대 남성 손님이 1만원 선물용 2개를 구입했다.
70대 여성 손님이 1만원 선물용 1개를 구입했다.

11:30
70대 남성 손님이 점심 대용 마구설기 2팩을 구입했다.

12:00
비가 그치고 점심시간을 이용한 손님이 급격히 증가했는데, 그 중 쑥인절미를 찾는 손님이 많았다.

12:40
중국집에서 직원 점심을 주문했다.

13:00
점심 식사

14:30
은행 지점장 근속 35주년 기념 케이크 주문을 받았다.

15:40
가회동 성당 행사용 쑥인절미 45개를 주문받았다.

16:00
오후 직원 근무 교대

16:45
30대 남성 회사원 손님이 아침 대용 영양떡, 쑥인절미를 구입했다.

17:30
콩고물인절미 제작·포장·진열
별도로 진열돼 있던 선물용 떡을 진열대에 옮겨 진열한다.

18:00
스티로폼 도시락을 채워 넣는다.

18:30
매출 확인

18:40
주문서 확인

19:40

분식집에서 직원 저녁 식사를 주문했다.

18:35

단골 택시기사 손님이 인절미를 구입했다.

20:10
인사동점 직원 퇴근

50대 남성 손님 단체가 아구찜 가게에서 회식 후 귀가길에 디저트로 떡을 구입했다.

20:20

회식 후 귀가하던 남성 손님들이 3만원, 2만원, 1만원 선물용 떡을 구입했다.

20:45

회식 후 귀가하던 남성 손님들이 선물용 및 남은 떡을 전부 구입했다.

22:00
영업 종료

2020. 6. 3.(수) 맑음

07:00

매장 오픈

07:40

을지로 배달 완료

07:53

첫손님

송편, 시루떡, 설기를 구입했다.

08:05

주문 떡 배달 퀵서비스 수령

08:35

소매용 떡 포장 및 진열 완료

08:40

은행 떡케이크 주문을 손님이 직접 찾아갔다.

08:50

직원 급여 및 주문서 확인
재료상 주문

가회동성당 쑥인절미 45개 주문떡을 손님이 직접 찾아갔다.

10:30

백설기 주문 문의가 왔다.

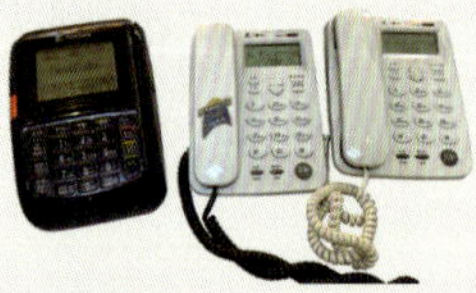

09:40

일본인 남자 손님이 쑥인절미 32개 1박스를 구입했다.
"조금 먹어보고 맛있어서 할머니 가져다 드리려고요."

11:50

교수님 선물로 3만원 선물용 세트를 주문받았다.

12:10

개업 답례용 쑥인절미와 약과 주문 예약한 것을 직접 찾아갔다.

12:30

점심 주문

전주식당에서 오늘의 메뉴를 주문했다.

특별 메뉴	
뼈해장국	7,000
콩비지찌개	7,000
육개장	7,000
부대찌개	7,000
계란밥	6,000
전주비빔밥	6,000
전 주 식 당	
☎ 3675-5959	

12:35

송편 주문이 있었다.

14:35

터키인 여자 손님이 바람떡을 구입했다.
"달달한 것 좋아해요. 팥 좋아해요."

15:00

오후 직원 근무 교대
떡 진열 재정비
콩고물인절미 제작

15:50

교회 행사용 떡으로 오색설기, 영양떡 총 60개 주문이 들어왔다.

15:40

세무서 직원 간식으로 인절미 주문이 들어왔다. 콩고물 인절미 1말은 40명이 먹을 수 있는 양이다.

16:25

개업떡으로 시루떡 1말(32개) 주문이 들어왔다.

16:50

중년 커플 손님이 인절미 6팩, 쑥인절미 10개를 구입했다.

17:00

선생님 선물로 2만원 선물 세트를 구입했다.

17:05

낙원악기상가에 다녀 온 모녀(40대 여성, 10대 여성) 손님이 쑥인절미 10개를 구입했다.

17:10

박스로 진열대 유리 석양 가림

17:45

매장 에어컨 가동

떡이 쉴 것을 우려해 실내 온도를 낮추고자 여름철엔 에어컨을 튼다.

17:30

수원에서 온 50대 여성 손님이 쑥인절미 15개 구입했다. "수원에서 택배로 쑥인절미 주문해서 먹었어요. 맛있어서 서울 온 길에 사러 왔요."

18:10

묘 이장 때 쓸 편 반말 맞춤 주문이 들어왔다.

18:15

제사상에 올릴 편을 구입하러 왔다가 헛걸음한 30대 남자 손님이 다녀갔다.
낙원떡집에는 제수용 편을 명절, 사전 주문 시에만 판매한다.

18:28

매출 확인

18:30

내일 배달 주문 퀵서비스 예약(6건)

18:36

간판 불 켬

19:30

중국집에서 저녁을 주문했다.

20:00

매장 청소 및 정리

20:03

인사동점 직원 퇴근
현금 매출 전달

20:20

공장 게시판에 게시할 주문서 작성

22:00

영업 종료

2020. 6. 4.(목) 흐림

06:55

오전 근무자 출근

07:00

주문서 확인

07:05

떡 포장 및 진열

쑥인절미를 제일 먼저 진열한다. 이때 낱개 외에 5개, 10개 묶음 진열도 함께 한다.

영양떡과 설기를 접시에 담아 진열한다.

소매용 떡은 송편→개피떡→절편→백설기→증편→가래떡→약식→모듬떡(3천원)→마구설기→시루떡→모듬(5천원) 순으로 포장해 진열한다.

매대에 떡을 진열하는 것은 찰떡-메떡-찰떡-메떡 순으로 반복하여 진열한다.
쑥인절미는 박스 뚜껑을 열어서 식힌다.

09:40

세무서 인절미 1말 주문이 누락된 것을 확인하고 추가로 제작하였다.

떡 주문을 받을 때는 1~4번의 순서에 따라 접수를 한다.
1. 떡의 종류
2. 날짜, 시간
3. 연락처, 이름
4. 세부사항 : 내용, 갯수 등

09:50

선물용 3만원 구입 손님이 다녀갔다.

11:20

일수·대출 전단지를 돌리는 사람이 다녀갔다.

12:07

세무서에서 주문한 콩가루 인절미를 매장에서 직접 썰고, 콩가루를 묻혀 담았다.

12:25

충북 단양에서 온 손님이 개피떡, 영양떡(기본) 10개를 구입했다.

"서울에 올 때마다 들러서 떡 사가요. 인사동에서 사면 같은 집이어도 왜 맛이 덜할까요?"

12:30~13:30

점심시간에 손님이 몰렸다.

13:10

점심 주문

전주집에서 오늘의 메뉴를 주문했다.

13:45

신도림에서 온 손님이 쑥인절미를 구입했다.

"쑥인절미 사러 일부러 왔어요. 우리 신랑이 동네엔 쑥떡이 없냐고 왜 여기까지 와서 사냐고 뭐라고 하는 거 있죠."

15:00

오후 직원 근무 교대

15:30

낙원동 여성 70대 주민이 선물용으로 쑥인절미 30개 2박스와 마구설기 2㎏를 구입했다.

16:00

참여 관찰 조기 종료

2020. 6. 5.(금) 흐린 후 갬

07:00

첫 손님
백설기를 구입했다.

07:10

주문 떡 배달 퀵서비스 수령(중구)

07:23

택시기사 손님이 찹쌀떡을 구입했다.

07:30

종암동 쑥인절미 주문이 들어왔다. 당일 10시까지 배달해야 하는 것이었다.

08:10

커플이 아침 대용으로 오색설기 6개를 재난지원금※으로 구입했다.

제사용 백설기 3개, 증편 3개, 개피떡 2개를 손님이 구입했다.

목기 주문이 들어왔다. 목기는 영양떡 4켜, 나머지떡 2켜씩 구성한다.
포장은 바닥에 분홍색 한지를 깔고, 보자기를 싸서 마무리한다.

08:40

선물용 목기 2개 퀵서비스가 출발했다.(고양시)

08:50

선물용 포장 주문이 들어왔다.

09:00

퀵서비스 기사가 종암동 주문 떡을 배달하기 위해 수령했다.

09:55

서울대학교 병원 환자 보호자 손님이 간호사 선생님 주려고 오색설기, 영양떡, 쑥인절미 낱개를 구입했다.

10:15

2만원 선물용 구입 손님이 다녀갔다.

10:30

내일 주문 5건 공장 작업지시서 작성
50대 남성 손님이 1만원 선물용 떡을 구입했다.

10:45

우드록 배달(매장·공장)

10:50

워싱턴 식당 오늘의 특별메뉴 전단지를 받았다.

10:52

선물용 주문 4개를 손님이 직접 수령했다.

10:55

전주식당 특별메뉴 전단지가 도착했다. 전주식당은 인근에서 반찬이 가장 깔끔해서 낙원떡집 직원들이 한식 주문을 할때 선호하는 곳이다.

11:10
생명 보험 설계사 손님이 고객 선물용으로 2만원 선물세트 2개를 구입했다.

11:30
공장 주문서(작업지시서) 게시

12:15
60대 남성 손님이 바다 낚싯배에서 간식으로 먹기 위해 쑥인절미 7개를 구입했다.

13:50
50대 남성 손님이 학생들 시험이 있어 선물용 찹쌀떡 5팩을 구입했다.

14:00
쑥인절미 1말 추가 제작

14:30
30대 일본인 손님과 60대 남성 손님이 매장을 방문했다. 한국인 손님이 일본인 손님에게 선물하기 위해 유과 2봉지를 구입했다.

15:05
익선동 카페에서 팥빙수 재료로 쓸 인절미를 구입했다.

15:30
손님이 갑자기 몰려들었다.

15:40
폐백 문의가 들어왔다.

15:50
콩가루 인절미 제작·포장 완료

16:00
오후 직원 근무 교대

16:30
석양을 가리기 위한 진열대 박스 차양 마련

17:00
매장에서 쓸 우드록 도시락을 공장 창고에서 가져 왔다.

18:25
석양을 가리기 위한 진열대 박스 차양 거둠

19:00
저녁 식사

19:40
매출 확인

20:00
손님이 쑥인절미 30개 2박스 선물 포장을 해갔다.

20:30
매장 정리
셔터를 반쯤 내리고, 인도에 내 놓은 입간판을 들여온다. 빗자루질과 걸레질을 하고, 설거지와 쓰레기 정리를 한다.
단골 택시기사 손님이 방문했는데 늘 구입하는 인절미가 떨어져 약식을 대신 구입했다.

22:00
영업 종료

※ 코로나 19 확산으로 인해 국민들의 소비 심리가 위축되었다. 이에 정부에서는 경제적 타격을 입은 국민들을 지원하기 위해 '긴급재난지원금'이라는 명목으로 바우처를 지급하였다.

낙원떡공장(2020. 6. 24.)

작업자 공장장 A B C D

01:05

작업 준비

기상 후 숙소에서 내려와 제일 먼저 보일러 전원을 켠다.

모듬설기

미리 시루에 앉혀 냉동해 놓았던 설기류를 꺼내 찔 준비를 한다.

01:06

재료 준비

전날 불려 놨던 찹쌀을 헹군다.

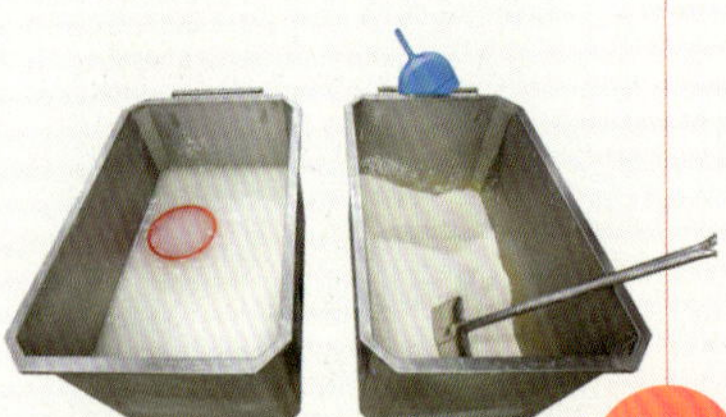

재료 준비

서리태를 씻어 솥에 물과 소금을 넣고 삶는다.

01:07

약식

찹쌀을 채반으로 옮겨 물기를 뺀다.

약식

시루에 캐러멜을 섞은 찹쌀을 넣고 찐다.

모듬설기

면포를 덮어 설기 시루를 찌기 시작한다. 설기는 김이 오르고 10분 동안 쪄 준다.

01:10

약식

물기 뺀 찹쌀을 큰 대야에 옮겨 적정량의 소금과 캐러멜을 넣어서 섞는다.

01:14

01:15

작업 준비

포장 기계 전원을 켠다.

01:16

재료 준비

불린 찹쌀을 채반에 놓아 물기를 뺀다.

01:18

모듬설기

쪄진 설기는 준비된 나무판에 엎어 모양틀로 빗금을 긋고 스크레이퍼로 잘라 선반에서 식힌다. 여름철이라 선풍기를 활용하였다.

01:21

재료 준비

채반에 건져 놓았던 찹쌀을 다시 물로 헹궈 물기를 뺀다. 빈 통에 다시 물을 받아 다음 날 사용할 찹쌀을 불린다.

01:24

재료 준비

찰현미에 소금을 섞어 방아 기계에서 가루를 낸다.

01:24 ~45

포장

주문 받은 두텁떡을 낱개로 비닐 포장한다.

01:26

쑥인절미

쑥인절미용 찹쌀을 시루에 찐다. 이 때 찹쌀을 먼저 찌고, 중간에 삶아 탈수한 쑥을 올려서 함께 찐다. 쑥인절미는 김이 오르고 14분 동안 찐다.

01:27

재료 준비

찰현미에 소금을 섞어 방아 기계에서 빻은 가루를 다시 한 번 방아 기계에 내린다.

01:30

모듬설기

자를 이용해 시루에 올린 쌀 가루를 고르게 편다.

01:33

재료 준비

멥쌀을 불리기 위해 스테인리스 쌀통에 넣는다.

무지개떡

시루에 색색의 가루를 켜켜이 올린 후 칼로 자르기 좋게 금을 그어 무지개떡을 찐다. 무지개떡은 두껍게 찌기 때문에 설기류지만 김이 오르고 15분 동안 찐다.

01:34

재료 준비

스테인리스 쌀 통에 넣은 멥쌀을 물로 씻는다.

01:38

모듬 영양떡

식힌 영양떡을 손으로 눌려 펴고 다시 건조대에서 식힌다.

무지개떡

다 쪄진 무지개떡을 미리 비닐을 깔아 놓은 나무판에 엎어 일정한 크기로 자른다,

01:41 ~44

약식

약식 시루를 찌던 스팀기를 끄고 시루 안에 고인 물을 버린다. 쪄진 찹쌀을 대야에 쏟아 밤, 설탕을 넣은 뒤 나무 주걱으로 고루 섞어준다. 그리고 다시 시루에 넣고 스팀기에 올려서 찐다.

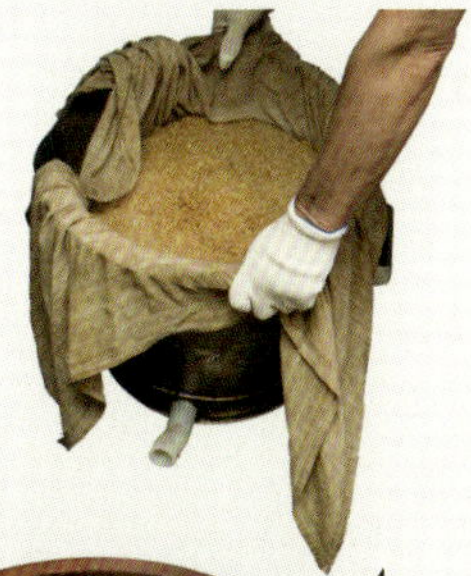

01:47

약식

냉동실에서 일정량의 건포도, 대추채, 잣을 꺼내 약식에 섞을 고명을 준비한다.

01:48

약식

나무로 된 약식판에 비닐을 넓게 깐다.

01:49

포장

주문 떡을 포장할 우드록 용기를 꺼낸다.

01:50

모듬영양떡

영양떡에 모양틀을 올려 일정한 간격으로 자를 수 있는 선을 잡는다. 떡 위에 찍힌 선을 따라 스크레이퍼로 자르고, 건조대에서 식힌다. 여름철이라 선풍기를 활용했다.

01:51

포장

쑥인절미 포장 박스를 준비한다.

01:52

쑥인절미

쑥인절미를 만들기 위해 시루에 찐 찹쌀가루, 설탕, 베이킹소다를 반죽기에 넣어 반죽한다.

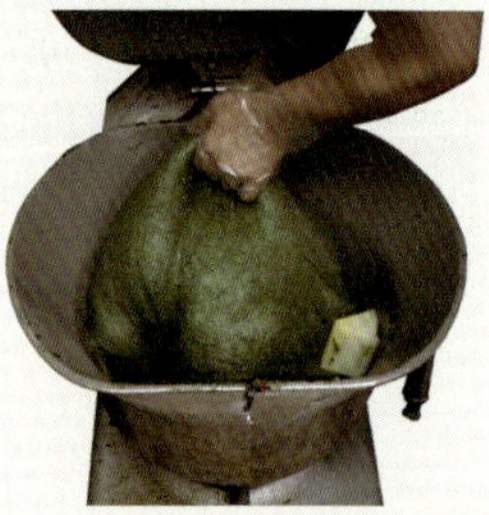

01:53

포장

쑥인절미 작업대에 떡 박스를 준비한다.

01:55

인절미

찹쌀가루와 소금을 섞어서 시루에 올려 찐다.

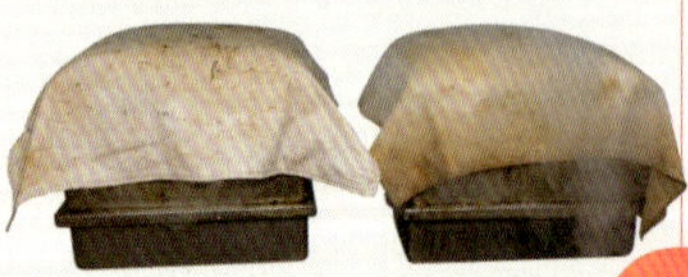

01:57

포장

주문 떡을 포장한다.

01:58

포장

쑥인절미 개별 포장을 위해 작업대를 행주로 닦고 비닐을 깐 후 붓으로 기름칠을 한다.

02:06

포장

쑥인절미 포장을 시작한다. 공장장이 반죽이 끝난 쑥인절미를 작업대에 올린다. 스크레이퍼를 이용해 낱개 판매용으로 잘라 떡이 달라붙지 않게 던지면 직원들이 일사분란하게 전용 비닐에 포장해 박스에 담는다

02:10

재료준비

다음에 사용할 찹쌀을 방아기계를 이용해 미리 빻는다.

현미인절미

현미인절미를 반죽하기 위해 반죽기를 세척한다.

02:13

쑥인절미

전 직원이 쑥인절미 포장에 투입되었다.

현미인절미
찐 찰현미 가루를 반죽기에 넣어 치댄다.

02:22
약식
01:45에 올린 약식이 다 익었는지 쇠꼬챙이를 이용해 확인한다.

02:32
약식
밤을 넣고 찐 약식 시루에 물을 빼고 내용물을 대야에 쏟는다. 여기에 설탕, 계피 가루, 참기름, 건포도, 대추편, 잣을 넣어 나무주걱으로 잘 버무린다.

02:35
약식
미리 준비해 둔 약식판에 완성된 약식을 넣고, 포크를 이용해 약식을 고르게 펼친다.

02:40
쑥 인절미
쑥인절미 포장이 끝났다.

02:42
포장
포장기에 비닐을 깔고 떡이 붙지 않게 기름을 바른 다음 영양떡 낱개 포장을 시작한다.

재료 준비
서리태 삶기가 완료되어 삶은 콩을 채반에 건져 식힌다.

02:47
정리
쑥인절미 작업대와 작업 공간을 정리한다.

02:55~03:32
포장
공장 전면부 작업 공간에서 주문 떡을 포장한다.

03:00
모듬설기
모듬 설기 제작이 완료되었다.

03:07
마구설기
찹쌀 가루에 호박고지, 밤, 완두배기, 검은콩을 골고루 섞어 시루에 앉힌다.

03:12
마구설기
마구설기를 찌기 시작했다.

03:15
모듬설기
견과류(아몬드 분태, 호두, 밤)를 바닥에 고르게 깔고 멥쌀가루와 설탕을 섞어 설기 시루를 앉혀 냉동한다.

03:30

시루떡

찹쌀 가루를 넣어 펴고, 갈색 설탕, 팥을 올린 후 면포를 덮어 시루떡을 찐다.

03:34

정리

사용한 시루 등 도구를 닦아 정리한다.

03:37

인절미

찹쌀 가루를 시루에 넣고 찐다.

03:40

포장

오늘 매장에서 판매할 각종 떡을 본점, 인사동점을 구분해 공장 입구 쪽에 가져다 놓는다.

백설기

백설기를 반말 시루 두 개에 나눠 찐다.

03:42

시루떡

완성된 시루떡을 식칼로 9등분 하여 자른다.

03:43

현미인절미

현미 찹쌀 가루를 시루에 올려 찐다.

03:44

재료 준비

방아 기계를 이용해 빻은 멥쌀 가루를 1.2㎏씩 소분해 비닐에 담아 냉동한다.

03:45

백설기

백설기가 완성됐다.

03:55

정리

작업이 끝난 부분을 정리한다.

04:04

현미인절미

찰현미 가루 찐 것을 반죽기에 넣고 치댄다.

04:05

인절미

03:37에 찐 찹쌀 가루를 반죽기에 넣고 물을 넣어 치댄다.

04:07

포장

선물용 떡을 포장하기 위해 포장 용품을 준비한다.

04:08

인절미

대야에 기름칠을 하고 반죽기에서 인절미 반죽을 꺼내 담는다. 반죽 위에 다시 기름칠 한 후 공장 입구 쪽의 작업대에 가져다 놓고 식힌다.

04:55

재료 준비

흑미 가루를 봉투에 소분한다.

05:00

식사 준비

직원들의 아침 식사를 준비한다. 오늘의 아침 메뉴는 멸치볶음, 찌개, 나물, 조기구이였다.

05:06

인절미

주문용 인절미를 한 판으로 잘라서 콩고물을 묻히고 비닐이 깔려 있는 박스에 넣는다.

05:19

재료 준비
멥쌀을 방아 기계에 빻는다.

05:24~38

재료준비
멥쌀 가루에 물을 넣고 손으로 비빈다. 그것을 다시 기계에 넣고 빻은 뒤 손으로 덩어리를 풀어준다.

05:25

배달
오토바이를 이용해서 인사동점에 오늘 판매할 떡을 배달한다.

05:39~47

재료 준비
찐 서리태를 소분해 봉투에 담아 냉동한다.

05:52

송편
멥쌀가루를 시루에 올려 찐다.

05:52~06:00

정리
사용한 도구와 방아 기계를 청소한다.

06:00

송편·절편·개피떡
05:52에 찐 송편용 떡을 시루에서 빼내고 반죽기에 넣는다.

06:02~06:11

송편·절편·개피떡
반죽을 반으로 나눠서 반은 다시 반죽기에 넣어 돌리고, 나머지는 딸기 첨가제와 쑥가루를 넣어 각각 반죽기에 넣는다.

06:12

송편
흰색, 초록색, 분홍색 반죽 일부를 송편 기계로 옮긴다.

06:14~43

개피떡
흰색, 분홍색, 초록색 멥쌀 반죽을 개피떡 기계를 이용해 얇게 펴고, 반죽을 다시 말아서 펴는 것을 몇 차례 반복한다. 이렇게 찰기가 올라간 반죽을 개피떡 기계 롤러로 펴고, 그 위에 흰 앙금을 올린 후 반죽을 반대로 접어서 개피떡 틀을 이용해 반달 모양으로 떠낸다.

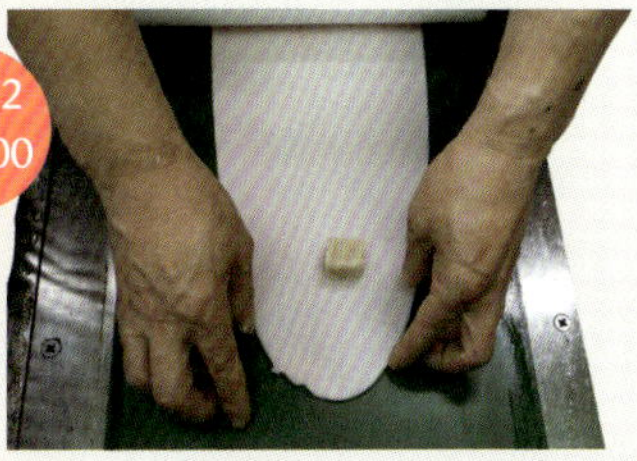

06:14

송편
송편 기계 상단에 두 개의 투입구가 있는데, 한 쪽에는 소가 될 깨와 설탕을 넣고, 다른 한쪽에는 준비해 놓은 멥쌀 반죽을 넣어 송편 기계를 가동해 송편을 만든다.

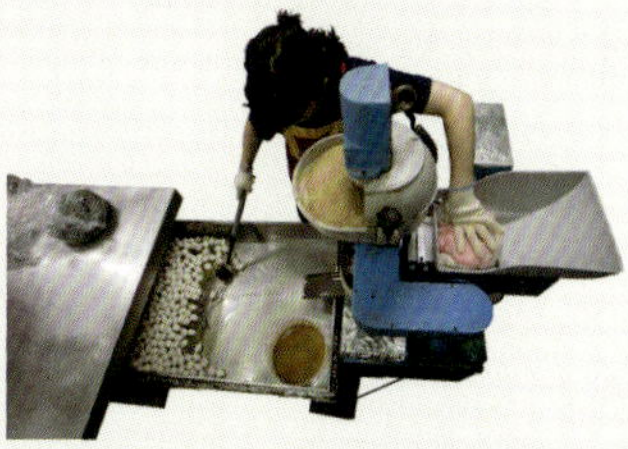

06:20~27

송편

송편 기계에서 동그랗게 반죽을 짜내듯 송편이 완성돼 스테인리스 레일을 통해 떨어지는데, 이 때 송편끼리 달라붙지 않도록 작업자는 계속해 붓으로 레일에 기름칠을 해준다. 이렇게 모인 송편은 채반에 올려 기름을 빼고, 비닐이 깔린 스티로폼 상자에 담는다. 스티로폼 상자는 매장으로 보내기 위해 공장 입구에 가져다 놓는다.

06:31~57

절편

개피떡 기계로 여러 번 치댄 멥쌀 반죽을 돌돌말아 절편 도장에 기름을 칠한 후 도장을 일정하게 찍는다. 스크레이퍼를 이용해 도장 좌우를 잘라 완성한다.

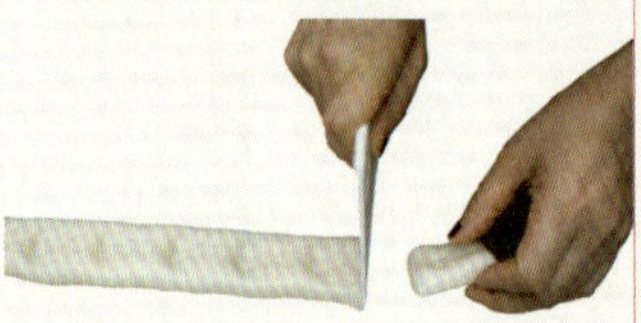

06:43

개피떡

완성된 개피떡은 중간중간 기름칠을 해 서로 달라붙지 않게 한다. 작업이 끝나면 채반에 옮겨담아 기름을 뺀 후 비닐을 깐 스티로폼 박스에 옮겨 담는다.

06:45

배달

본점에서 오늘 판매할 떡을 밀차를 이용해 배달한다.

06:50~07:00

정리

기계 및 도구 청소

07:00

작업 종료

낙원떡집의 추석

원조

선일떡집
741-5687
각종떡맞춤전문

낙원떡공장의 추석

낙원동 떡전거리의 추석

1

2

5

6

1·2 종로떡집 | 5·6 떡바루 | 3·4·7·8 선일떡집

발행일
2020년 12월 18일

발행처
서울역사박물관
서울특별시 종로구 새문안로55
02-724-0274
https://museum.seoul.go.kr

디자인 및 인쇄
삼십칠도커뮤니케이션
www.37com.co.kr

간행물등록번호
51-6110569-000291-01
ISBN 979-11-90480-24-6